T0078182

# REINO, JUICIO Y JUSTICIA

### Para el Especial Tesoro de Dios

## PAOLA SOLÍS

WESTBOW
PRESS®
A DIVISION OF THOMAS NELSON
& ZONDERVAN

Puede hacer pedidos de libros de WestBow Press en librerías o poniéndose en contacto con:

WestBow Press
A Division of Thomas Nelson & Zondervan
1663 Liberty Drive
Bloomington, IN 47403
www.westbowpress.com
1 (866) 928-1240

ISBN: 978-1-5127-7080-3 (tapa blanda)
ISBN: 978-1-5127-7079-7 (libro electrónico)

Número de Control de la Biblioteca del Congreso: 2017900077

Información sobre impresión disponible en la última página.

Fecha de revisión de WestBow Press: 01/26/2017

*Reino de los Cielos, Juicio y Justicia Divina…*

*Dedicatoria*

Este libro está dedicado con todo mi amor a Aquel Rey y Juez Supremo quien pronunció las palabras que dieron vida al universo.

Está dedicado a mi esposo Fabián y a mis dos hijos Fabián y Daniel, con todo mi amor.

A mis padres Arturo y Carmen. A mis hermanas Paty, Ruth sus esposos Federico y Fernando.

A mis sobrinos Fer, David, Isa y Dieguito.

A mis pastores León y Alejandra, y a toda la congregación de Restaurando Tu Vida, con un agradecimiento especial por su ayuda a escribir la introducción del libro.

A las amigas que siempre han estado conmigo.

# CONTENIDO

Autores: León Felipe y Alejandra Ruvalcaba.

## ❖ A imagen y semejanza de Dios

Conocer cómo fue creado Adán y la investidura que Dios le otorgó, nos da una clara revelación del plan divino que desde el principio el Creador de los cielos y la tierra había preparado para el hombre.

*"Entonces dijo Dios: Hagamos al hombre a **nuestra imagen** conforme a **nuestra semejanza**; y **señoree** en los peces del mar, en las aves de los cielos, en las bestias, en toda la tierra, y en todo animal que se arrastra sobre la tierra" Génesis 1:26 RVR1960*

La "imagen" del hebreo tsélem se refiere a la apariencia, una sombra misma de Dios reflejada en el hombre y su representación aquí en la Tierra. La "semejanza" del hebreo demút tiene que ver con la funcionalidad, la forma en que opera. Como podrás darte cuenta Dios se reprodujo en el hombre, y toda la corte celestial estaba presente en el día que Dios creó al único ser hecho a su imagen y semejanza, pues a ellos ya se les había dado a conocer el plan de Dios, ya que todas las huestes celestiales fueron creadas para servicio del hombre: *¿No son todos espíritus ministradores, enviados para servicio a favor de los que serán herederos de la salvación? Hebreos 1:14 RVR1960*

Imagina por un momento a todas las huestes celestiales expectantes de ver al único ser creado a "imagen y semejanza" del Dios omnipotente; en realidad fue un momento glorioso, pues además lo investió de "Señorío", *(Ver Génesis 1:26)* dándole autoridad sobre toda cosa creada aquí en la Tierra. Cuando esto sucedió, todo ser creado y toda hueste espiritual estaban viendo en el hombre a Dios mismo, como si estuvieran viendo doble, pues la "imagen y semejanza" de Dios ahora era manifestada en el mismo hombre.

## ❖ La Herencia delegada por Dios para Adán y su descendencia:

*"Y creó Dios al hombre a su imagen, a imagen de Dios los creó; varón y hembra los creó. Y **los bendijo Dios**, y les dijo: Fructificad y multiplicaos; llenad la tierra, y sojuzgadla, y señoread en los peces del mar, en las aves de los cielos, y en todas las bestias que se mueven sobre la tierra." Génesis 1:27,28 RVR1960*

En el momento que Dios los bendijo, esa bendición detonó el potencial en el hombre para que pudiera llevar a cabo las tareas de fructificad, multiplicarse, llenar la tierra, sojuzgadla y ser un Señor. Esto es lo que LA BENDICIÓN significa, el "poder y autoridad" de Dios mismo delegado al hombre, LA BENDICIÓN fue la herencia de Dios para el hombre.

Cuando Dios dio a conocer a todas las huestes espirituales de su plan divino, hubo un ser que no estuvo de acuerdo en servir al hombre, pues anhelaba levantar su propio trono: *"Tú que decías en tu corazón: Subiré al cielo; en lo alto, junto a las estrellas de Dios,* **levantaré mi trono***, y en el monte del testimonio me sentaré, a los lados del norte; sobre las alturas de las nubes subiré, y seré semejante al Altísimo" Isaías 14:13,14 RVR1960*

Creo que sabes quién es este ser: Satanás. Cuando fue creado era un "querubín ungido" (*ver Ezequiel 28:14 RVG2010*) y era perfecto en todos sus caminos desde el día que fue creado, hasta que se halló en él maldad (*ver Ezequiel 28:15 RVR1960*). Dios lo hizo perfecto en un principio y tenía el privilegio de tener un ministerio grande e importante en el cielo, pero él decidió que su corazón se enalteciera y se corrompió *(ver Ezequiel 28:17 RVR1960)*, pues no solamente anhelaba levantar su propio trono como Dios, sino que no estaba dispuesto a servir al ser al que Dios transmitiría su poder y autoridad en la bendición: el hombre hecho a su imagen y semejanza.

## ❖ El Señorío

Dios creó al hombre: varón y hembra los creó, y los bendijo Dios (*ver Génesis 1:27-28 RVR1960*). Ahora Adán era el reflejo de Dios aquí en la tierra, el señor sobre todas las cosas y toda la creación estaba bajo su autoridad y servicio. Dios plantó un huerto en Edén *(Génesis 2:8 RVR1960),* que era un lugar cercado o protegido cerca de lo que hoy conocemos como Irak.

En este huerto Dios plantó todo árbol delicioso a la vista, y el árbol de la vida, y el árbol de la ciencia del bien y del mal. Inclusive salía de Edén un río para regar el huerto, y de allí se repartía en cuatro brazos, y uno de estos brazos le proveía de oro a Adán *(Génesis 2:9-11 RVR1960)*, ¡ni siquiera se tenía que preocupar Adán por conseguirlo! Ahí puso Dios al hombre para que lo labrara y lo guardase *(Génesis 2:15 RVR1960)*.

A Adán se le delegó el señorío a través de la bendición, con la finalidad de extender el Edén sobre toda la tierra, pues en un principio Dios plantó el huerto de Edén en una pequeña parte de ella, pero era responsabilidad de Adán extenderlo sobre toda la tierra en su totalidad, ¡que toda la tierra fuera un Edén!

## ❖ La pérdida del Señorío

Ahora, con la mayordomía que Adán debía caminar, Dios le ordenó: "de todo árbol del huerto podrás comer; mas del árbol de la ciencia del bien y del mal no comerás; porque el día que de él comieres, ciertamente morirías" *(Génesis 2:16-17 RVR1960)*. Las palabras "**ciertamente morirás**" tienen su origen hebreo en las palabras "**moth tamuth**" que se traducen directamente como "morir morirás" refiriéndose a dos muertes. Podrás decir: ¿cómo que se refiere a dos muertes? Permíteme explicarte; cuando Adán transgredió el mandato de Dios, la primera muerte que experimentó fue la muerte espiritual, pues en *Génesis 2:25 RVR1960* leemos: "*Y estaban ambos **desnudos**, Adán y su mujer, y no se avergonzaban*".

Antes de la caída de Adán, dicen las escrituras que estaban desnudos, del hebreo "**aróm**" que significa: total o parcialmente sin ropa. No la necesitaban pues la misma Gloria de Dios era su cobertura; como está escrito en Salmos 8:5 que Dios mismo lo coronó (envolver o encerrar en círculo) de gloria y honra. Esto fue antes de transgredir el pacto, la misma Gloria de Dios era su cobertura, así que no había necesidad de otra cobertura. Pero cuando desobedecieron, perdieron esa cobertura: *"Entonces fueron abiertos los ojos de ambos, y conocieron que estaban **desnudos**; entonces cosieron hojas de higuera, y se hicieron delantales" Génesis 3:7 RVR1960*

El vocablo "**desnudos**" aquí es diferente en su raíz hebrea al de Génesis 2:25, pues en este caso viene del hebreo "eiróm" que significa: descubierto o sin cobertura. ¿Qué es lo que sucedió? Antes de pecar, la misma Gloria de Dios los cubría, estaban cubiertos de luz del Todopoderoso, no estaban "avergonzados" que significa que no estaban confundidos. Cuando pecaron desobedeciendo a Dios, esa Gloria que los cubría se apartó de ellos, y se sintieron confundidos, sin rumbo, pues esa luz que los cubría no estaba más sobre ellos. Esa fue la primera muerte que el hombre experimentó, la muerte espiritual.

La muerte espiritual es la separación del Espíritu de Dios del espíritu del hombre. Si continúas leyendo el pasaje de Génesis te darás cuenta que el hombre no murió físicamente cuando pecó sino hasta novecientos treinta años después, pues en un principio Dios hizo al hombre como Él es: eterno.

La paga del pecado es muerte *(Romanos 6.23 RVR1960)*, es por eso que el hombre experimentó muerte en las tres áreas de su ser; primeramente en su espíritu, como lo expliqué, al separarse el Espíritu de Dios del espíritu del hombre. Posteriormente en su alma: *"Teniendo el entendimiento entenebrecido, ajenos de la vida de Dios por la ignorancia que en ellos hay, por la dureza de su corazón" Efesios 4:18 RVR1960*

Después de experimentar la muerte espiritual, su entendimiento quedó en tinieblas, pues la luz ya no estaba en el hombre. Antes de pecar, el hombre se movía por revelación, él sabía las cosas porque Dios mismo se las revelaba, pero cuando se entenebreció su entendimiento, comenzó a moverse por sus sentidos.

En un principio, el único conocimiento que tenía el hombre era el revelado por Dios. Entonces cuando fue creado, el hombre no moría, pues no tenía conocimiento de cómo morir, ya que todo en él era vida, la vida misma de Dios.

Cuando el Espíritu de Dios se separa de él por haber escuchado a Satanás con un conocimiento diferente a lo que Dios le había enseñado, comenzó a conocer y experimentar muerte; y como consecuencia, se vio afectada toda la naturaleza sobre la cual Dios le había dado mayordomía: *"Porque la creación perdió toda su razón de ser, no por propia voluntad, sino por aquel que así lo dispuso; pero le quedaba siempre la esperanza de ser liberada de la esclavitud y la destrucción, para alcanzar la gloriosa libertad de los hijos de Dios. Sabemos que hasta ahora la creación se queja y sufre como una mujer con dolores de parto". Romanos 8:20-22 DHH*

Al principio cuando Adán fue creado no moría, pues no tenía conocimiento de cómo morir. A Satanás le costó novecientos treinta años de convencerlo de que podía morir: *"Y fueron todos los días que vivió Adán novecientos treinta años; y murió"* Génesis 5:5 RVR1960

Fue entonces cuando Adán experimentó la muerte física, que es la separación del espíritu del hombre de su cuerpo físico.

## ❖ El rescate por Dios mismo

En los evangelios encontramos la siguiente cita que menciona a lo que vino Jesús: *"Porque el Hijo del Hombre ha venido para salvar lo que se había perdido"* Mateo 18:11 RVR1960

¿Qué se había perdido? Por la transgresión, el hombre perdió la investidura de autoridad y dominio sobre la tierra, pues la había delegado a Satanás. Por eso, cuando Jesús estaba en el desierto y vino el diablo a tentarlo esto sucedió:

*"Y le llevó el diablo a un alto monte, y le mostró en un momento todos los reinos de la tierra. Y le **dijo el diablo**: A ti te daré toda esta potestad, y la gloria de ellos; **porque a mí me ha sido entregada**, y a quien quiero la doy. Si tú postrado me adorares, todos serán tuyos. Respondiendo Jesús, le dijo: Vete de mí, Satanás, porque escrito está: Al Señor tu Dios adorarás, y a él solo servirás".* Lucas 4:5-8 RVR1960

¿Te das cuenta que Jesús no negó que todos los reinos de la tierra le habían sido entregados al diablo?, ¡realmente esto había ocurrido al principio con Adán!, y desde ese entonces la tierra ha sufrido las consecuencias del pecado. Jesús solamente se negó a adorarlo y lo reprendió.

El señorío, autoridad y dominio que Adán había delegado a Satanás, Jesús vino a rescatar. Por eso vemos en los evangelios a Jesucristo sanando enfermos, expulsando demonios, haciendo milagros y teniendo dominio sobre la misma naturaleza, pues aun los vientos le obedecían (*ver Lucas 8:25 RVR1960*)

Con la venida de Jesucristo tuvo cumplimiento la profecía de *Génesis 3:15 (RVR1960):"Y pondré enemistad entre ti y la mujer, y entre tu simiente y la simiente suya; ésta te herirá en la cabeza, y tú le herirás en el calcañar"*

Dios le había advertido a Satanás que la simiente o semilla que venía de una mujer lo derrotaría. La simiente o semilla de una mujer es un ser humano. Quiere decir que debido a que Satanás empezó una guerra en contra de Dios a través de la raza humana tentando a Adán y su mujer en el huerto, Dios haría un contraataque a través de la misma raza humana. Dios mismo se hizo carne:

*"Y aquel Verbo fue hecho carne, y habitó entre nosotros (y vimos su gloria, gloria como del unigénito del Padre), lleno de gracia y de verdad" Juan 1:14 RVR1960*

Ese "Verbo" es la misma persona de Jesucristo. El evangelio de Juan en su primer capítulo da la revelación de este misterio: "Dios encarnado". Jesús se despojó de sus privilegios divinos. Y del mismo Jesús dice: *"El cual, siendo en forma de Dios, no estimó el ser igual a Dios como cosa a que aferrarse, sino que se despojó a sí mismo, tomando forma de siervo, hecho semejante a los hombres" Filipenses 2:6-7 RVR1960*

¿Por qué tuvo que hacerse semejante a los hombres? Porque si hubiera venido en su condición de Dios, no hubiese podido morir, pues Dios no puede morir. Como Jesús dio su vida en rescate por la humanidad, tuvo que despojarse de sus privilegios de divinidad, siendo semejante a los hombres, y en su cuerpo de hombre él mismo puso su vida por amor a todos nosotros:

*"Yo soy el buen pastor; y conozco mis ovejas, y las mías me conocen, así como el Padre me conoce, y yo conozco al Padre; y **pongo mi vida por las ovejas**. También tengo otras ovejas que no son de este redil; aquéllas también debo traer, y oirán mi voz; y habrá un rebaño, y un pastor. Por eso me ama el Padre, porque **yo pongo mi vida**, para volverla a tomar. **Nadie me la quita, sino que yo de mí mismo la pongo. Tengo poder para ponerla, y tengo poder para volverla a tomar**. Este mandamiento recibí de mi Padre"* Juan 10:14-17 RVR1960

El pecado es lo que separaba al hombre de Dios, y Jesús es la redención misma por la humanidad: *"Y dará a luz un hijo, y llamarás su nombre JESÚS, porque él salvará a su pueblo de sus pecados"* Mateo 1:21 RVR1960

Una de las cosas a la que muchas veces se refiere como resultado de la muerte de Jesús es la redención. "Redención" es el rescate de alguien que está cautivo mediante el pago de un precio. ¿Cuál fue el precio que se pagó? SU PROPIA SANGRE. Para descubrir qué fue eso por lo que Jesucristo nos redimió así como el rescate que pagó con su sangre veamos algunas escrituras: *"Quien [Jesús] se dio a sí mismo por nosotros para redimirnos de toda iniquidad"* Tito 2:14 RVR1960

Jesucristo nos redimió de TODA INIQUIDAD, y la obtuvo al DARSE A SÍ MISMO por nosotros. En otras palabras, ÉL era el rescate para nuestra redención de "TODA INIQUIDAD". Como él mismo dijo: *"Como el Hijo del Hombre no vino para ser servido, sino para servir, Y PARA DAR SU VIDA EN RESCATE POR MUCHOS." Mateo 20:28 RVR1960*

Jesús vino para servir, Y PARA DAR SU VIDA EN RESCATE POR MUCHOS." Y tan grande era este rescate que se pagó por nosotros y de igual manera la redención que se obtuvo por eso. Veamos *hebreos 9:11-12 RVR1960* donde habla sobre la redención: *"Pero estando ya presente Cristo, sumo sacerdote de los bienes venideros, por el más amplio y más perfecto tabernáculo, no hecho de manos, es decir, no de esta creación, y no por sangre de machos cabríos ni de becerros, sino POR SU PROPIA SANGRE, entró una vez para siempre en el Lugar Santísimo, habiendo obtenido eterna redención."*

Los sacerdotes de la ley ofrecían becerros y cabras mediante los cuales intentaban obtener remisión por sus pecados. Y cada día tenían que ofrecer sacrificios, pues la sangre de esos animales solamente cubría los pecados, pero no los quitaban. Por otro lado, Jesús presentó a Dios SU PROPIA SANGRE mediante la cual obtuvo LA ETERNA REDENCIÓN POR NOSOTROS". Como también dicen: *"En quien TENEMOS REDENCIÓN POR SU SANGRE, el perdón de pecados según las riquezas de su [de Dios] gracia" Efesios 1:7 RVR1960*

*"En quien (Jesús) TENEMOS REDENCIÓN POR SU SANGRE, el perdón de pecados:" Colosenses 1:14 RVR1960*

Jesús es *"el Cordero de Dios que QUITA EL PECADO DEL MUNDO" (Juan 1:29 RVR1960).*

La redención no está en nuestras buenas obras y comportamiento. No está en nuestra devoción religiosa. No está en nuestro valor personal. Sino que está en la obra consumada de JESÚS. Y es una redención "según las riquezas de su gracia" esto es, abundante y completa, así como leemos, eterna redención.

¡Éstas sí son buenas nuevas! ¿Te das cuenta? No se trata de ti, se trata de lo que Jesucristo por el amor que te tiene hizo por ti, pues la salvación es un regalo de Dios que no depende de ti o de mí, sino de lo que Jesús hizo al dar su vida y derramar su sangre por nosotros:

*"Porque por gracia sois salvos por medio de la fe; y esto no de vosotros, pues es don de Dios; no por obras, para que nadie se gloríe" Efesios 2:8-9 RVR1960*

**Con un sincero agradecimiento a León Felipe y Alejandra Ruvalcaba, Pastores de Restaurando tu Vida Aguascalientes. (www.restaurandotuvida.org)**

# EL AMOR DEL PADRE

## ❖ ¿Por qué Jesús dio todo por la humanidad?

Te has preguntado:

¿Por qué Dios teniéndolo todo, se molestó en salvarnos y hacernos sus hijos?

**¿Por qué Jesús siendo Dios, viviendo feliz, exaltado en gloria y majestad, se interesó en venir al mundo a conocernos y a hacernos suyos?**

¿Qué fue lo que movió a Dios para acercarse a nosotros?

Y tienes razón…

Él dejó todo por nosotros.

Él no tiene necesidad de nada y sin embargo se interesó en nosotros.

Jesús nos explica muy bien la razón por la cual El Dios Todopoderoso se apasiona con un proyecto de vida: —el ser humano—

**Dios ha comparado a la humanidad con un tesoro.** Nos ha dicho: *"Y serán para mí especial tesoro, ha dicho Jehová de los ejércitos, en el día en que yo actúe; y los perdonaré, como el hombre que perdona a su hijo que le sirve"* Malaquías 3:17 RVR1960

Jesús nos enseñó que donde está tu tesoro, ahí también está tu corazón. (ver Mateo 6:21). Esto significa que el corazón de Dios está con nosotros. La humanidad ha estado en el corazón de Dios desde el principio de los tiempos. Con amor eterno nos ha amado.

La pasión surge del amor. Del amor de un Padre por sus hijos.

## ❖ Desde la eternidad Dios fue el mejor Padre que Adán jamás hubiera soñado.

**Dios con todo su corazón disfrutaba pasar tiempo con su hijo Adán.** El Padre Celestial personalmente se encargó de la crianza de Adán desde el día que nació.

Ese día toda la creación podía ver un nuevo brillo en los ojos del Padre. El Padre Celestial muy emocionado llevó a Adán a recorrer hasta el último rincón del Edén, sin ninguna prisa (pues donde no existe el tiempo, no hay razón para tener prisa).

El Padre Celestial le mostró hasta el último de los colores en las piedras del río, le instruyó acerca de los detalles que había en cada especie animal y vegetal pues Adán posteriormente los clasificaría y les daría un nombre. Se pasearon juntos en medio de las flores, disfrutaron todos los aromas y sabores. Dios le mostró a Adán todas las riquezas de la creación.

**Todos los seres angelicales, los animales y hasta los árboles eran testigos del tiempo que Dios invirtió en enseñar a Adán todo lo que él sabía.** Los vieron cabalgar juntos largas horas, mientras Adán aprendía toda ciencia y ley natural. Los vieron reír juntos disfrutando. Vieron al Rey Eterno de Gloria abrazar a su hijo con un amor nunca antes visto, y ante la mirada impresionada de todos, el hombre fue coronado con misericordias y favores celestiales.

**El Padre en todo momento hablaba y declaraba palabras sobre su hijo.** El poder de Sus palabras transformaban a Adan en un ser victorioso, sensible, perseverante, amoroso, sabio, alegre… Las mismas características del Padre ahora eran notorias en el hijo.

**Poco a poco Adán creció tanto en espíritu como en conocimientos,** ¡había alcanzado una enorme madurez y gran sabiduría! Tanto que al hablar era difícil reconocer quien era El Padre y cuál de los dos era el hijo. ¡Eran tan iguales! Realmente Adán era la semejanza del Padre, toda su imagen. Posteriormente (tal vez siglos o milenios después) Adán había desarrollado un liderazgo excelente, y se gozaba en señorar y gobernar la creación. ¡Dios había creado en él las aptitudes de un maestro perfecto!

**El hombre ya estaba listo para tener una mujer.** Ahora Adán como varón sería el encargado de enseñar a Eva todas las cosas de la misma manera en que Dios le enseño a Adán cada detalle de la creación. Ahora Adán era un ser pleno. Nada le hacía falta. Eva mostraba respeto a Adán y un verdadero asombro por toda la experiencia que Dios había implantado en el corazón y mente de su marido. Y aunque ella también pasaba hermosos momentos con El Padre Eterno, tenía mucho que aprender antes de estar lista y madura para poder transmitir los mismos conocimientos y el corazón de amor de Dios a la siguiente generación. Pero después de pasar mucho, mucho tiempo unidos, Adán logró transmitir a Eva todas las enseñanzas que Dios le había dado.

**Ahora Eva era una mujer experta**. Llegó el momento en que Eva había alcanzado gran madurez y era la mejor ayuda que Adán jamás podía haber soñado. Era todo un gozo verlos señorear en unidad. Todo estaba perfecto. Adán y Eva cumplían su ministerio a cabalidad. El Padre Celestial estaba feliz con ellos, y los disfrutaba grandemente. Los tres juntos tenían tiempos de diversión y gozo inigualable.

**En el Edén todos los animales y la creación obedecían al hombre y le servían**. Los animales hoy salvajes, no lo eran en ese entonces. La pareja paseaba en tanta paz y tranquilidad tanto con un león como con un camello. Adán y Eva eran testigos del nacimiento de nuevas crías, ninguna creatura tenía sufrimiento al dar a luz, al contrario, traer a la vida a un nuevo ser era un gran deleite. Todos los seres esperaban con una gran emoción el nombre que Adán daría a cada ser. Los humanos eran tan respetados por la creación y a su vez el hombre tenía gran respeto hacia todo lo creado por Dios.

**La pareja daba cualquier sabia orden y todo se organizaba inmediatamente en un equilibrio completamente perfecto.** La rebeldía no existía en el Edén, así que los castigos no eran necesarios. Desde las grandes bestias hasta las más pequeñas creaturas se sujetaban al señorío del hombre y esto agradaba a Dios.

**El hombre tenía un trato amistoso y equilibrado con la creación.** El hombre nunca dañaba el planeta, sino que siempre buscaba su bienestar con toda ciencia y sabiduría. Los ríos y el mar respetaban sus límites establecidos y todos los seres eran agradecidos con Dios por tener todo lo necesario para ser plenos y felices.

**Aún los árboles, las plantas y toda flor estaban sujetas al señorío del hombre.** El reino vegetal crecía y se desarrollaba en un orden perfecto. La armonía era plena. Todo fruto de los árboles era de gran tamaño y de hermoso apariencia. El reino vegetal servía de alimento al ser humano, y su nutrición era exacta.

**Los hijos de Dios habían sido coronados con gran poder y honra dentro de la creación.** Pero había alguien que crujía los dientes de envidia al ver el honor y la gloria de Dios brillar desde el humano. Satanás disfrazado de serpiente podía ver la felicidad que los hombres causaban a Dios. Se retorcía de coraje al ver que El Padre se gozaba en sus hijos. No toleraba ver tanta diversión, alegría, amor y perfección. No podía pensar en otra cosa que separarlos. –Debe haber alguna manera—Pensaba.

**Pero ¿Cómo se puede separar de Dios a un ser que desconoce la maldad?,** Anteriormente el diablo había podido engañar a miles de ángeles acostumbrados a estar en la presencia de Dios sembrando semillas de maldad en sus pensamientos, pero... ¿Cómo poder engañar a alguien que no conoce el mal? Adán era un hombre bien arraigado en la verdad. El hombre vivía exclusivamente de las enseñanzas de su Padre y no tenía oídos para escuchar a ningún otro maestro. Adán y Eva meditaban continuamente en las enseñanzas que Dios les había dado.

**El diablo quien antes era ángel de luz, ahora era un ser obscuro, inútil, horrendo, y depresivo**. Los pensamientos de crueldad lo sobrepasaban. Estaba muy atento a cada paso del hombre a ver de qué manera podía hacer caer a ese hijo y alejarlo de su Padre. Sólo así los haría sufrir a los dos. Esto era lo que el diablo deseaba para poder calmar un poco su odio.

## ❖ La puerta de entrada

**El enemigo había buscado puerta de entrada de una u otra manera** ¡Y nada! El hombre tenía un cerco de protección física, mental y espiritual infranqueable. Sólo existía una sola puerta para hacer caer al hombre. Dios le había dado a Adán una pequeña ley: no comas del árbol del bien y del mal porque eso te destruirá, te hará morir.

—**Esa ley es mi puerta de entrada**—**Pensó el enemigo**. Y planeo de una manera organizada hacerlos caer. Busco el momento perfecto. En la soledad, buscó a una Eva distraída, lejos del cuidado de su marido... Entonces la serpiente de maldad atacó. Inmediatamente Eva responde lo que Adán le había enseñado: De ese árbol no podemos comer, ni siquiera tocarlo. Esa instrucción le había dado Adán a Eva. Pero la serpiente astuta quiso dar una torcida interpretación a la misma enseñanza. Enseñanza que Eva aceptó fácilmente sin dudar.

**El Padre sabía que la serpiente quería engañar a sus hijos, pero los dejó decidir.** El hombre ya era un ser maduro. Dios se había tomado mucho tiempo para instruirlo en este tema. Largas conversaciones habían tenido El Padre Celestial y Adán. La pareja tenía muy claro que la muerte y el sufrimiento eran la consecuencia de esa mala decisión. El Padre Celestial estaba confiado en sus enseñanzas y no le permitió ser tentado más allá de lo que pudiese soportar.

## ❖ Nacimiento al Reino pecador.

**Para que exista un cambio de reino de sombras al de la luz o viceversa, se debe nacer de nuevo.** Cuando la pareja cayó en la tentación y pecaron, inmediatamente su espíritu nació al reino pecador. En un segundo su naturaleza fue torcida, su carne por primera vez llevó el envejecimiento y la muerte en sus genes. Sus ojos fueron cegados y sus oídos ensordecidos. Ahora las emociones sobrepasaban los pensamientos del hombre y su señorío estaba perdido.

**En el reino pecador la mujer tenía menos valor que el varón porque habían nacido a un reino diferente, ahora eran hijos de un reino de obscura maldad**; y para poder regresar tendrían que nacer de nuevo a Dios, y eso sería cuando la cabeza de la maldad fuera aplastada.

**Súbitamente algunos animales lo atacaban en lugar de obedecerlo, de pronto vio por primera vez caer una hoja**

**seca de un árbol.** La desesperación invadió todo su ser. Ahora estaba enojado, y discutió con ira a su esposa Eva afirmando a gritos-- ¡Todo esto es TU CULPAA!--. Las emociones violentas llenaban su cabeza. La paz estaba perdida y el hombre estaba desorientado. Nunca había experimentado la obscuridad de una noche. La noche más llena de miedo de toda la historia.

## ❖ El Padre Celestial no abandonó a sus hijos.

**El Padre Celestial ahora se enfrentó a cuidar humanos pobres, ciegos, sordos y desnudos.** Dios con sus sabias palabras le hace entender al hombre su situación. Les explica cómo serán tratados en el reino de las tinieblas. Ahora el varón con el sudor de su frente y el extenuante trabajo de sus manos proveerá a su familia, y la mujer con complicados dolores de parto hará nacer a sus hijos.

**En el reino pecador las tinieblas eran tan profundas que volvían ciego a cualquiera.** La naturaleza pecadora implicaba una ceguera espiritual que no le permitía ver a Su amado Padre. Ahora el hombre era un ser ciego que no distinguía su mano derecha de la izquierda, andaba de día como si fuera de noche, palpando la pared como un ciego.

**La naturaleza del reino de las tinieblas era una naturaleza de dolor.** El hombre estaba rodeado de una realidad llena de injusticia, de maltratos, de tristeza, enfermedad y muerte. Esta torcida realidad, volvió tan sordo al hombre que ya ni siquiera podía escuchar la voz del Padre llamando su nombre. Ya nadie podía escuchar sus sabias enseñanzas, y por esto la fe se desvaneció de muchos corazones.

## ❖ El hombre se olvidó de Su Padre Celestial

**Los siglos pasaron y llego el momento en el que ya nadie recordaba a Dios**. El humano ni siquiera recordaba que podía llamarle Padre. Muchos hasta dudaban que Dios existiera. La humanidad se olvidó por completo todas las enseñanzas de su Padre, todo el amor, los abrazos, y el tiempo juntos, quedaron atrás. El hombre se sintió por primera vez como un huérfano, y el espíritu de orfandad fue llenando el corazón de las generaciones.

**El Padre lleno de dolor, era testigo de la soledad y el maltrato de sus hijos en el reino de las sombras**. Dios había establecido que todo ser y toda especie se debía reproducir según su género, y ahora el hombre era un ser de una naturaleza torcida, y por esta razón sus hijos nacerían de esta misma manera. El enemigo no tenía corazón de padre sino que tenía un corazón lleno de violencia y odio. No se hacía cargo de los recién nacidos, ni tampoco los trataba con especial cuidado, sino que por el contrario, sentía asco del hombre.

*"El día en que naciste no te cortaron el cordón umbilical; no te bañaron, no te frotaron con sal, ni te envolvieron en pañales. Nadie se apiadó de ti ni te mostró compasión brindándote estos cuidados. Al contrario, el día en que naciste te arrojaron al campo como un objeto despreciable". Ezequiel 16:4-6 NVI*

## ❖ El príncipe del mundo de tinieblas desprecia a los hombres.

**Dentro del reino pecador, los hombres son objetos sin valor, aún desde antes de nacer.** El enemigo busca continuamente que los humanos tuvieran una identidad de ser un "objeto despreciable". La gran mayoría de los humanos aceptaron esta mentira. Entonces la depresión, la sensación de inutilidad y la poca estima sobrepasaron a las multitudes.

**El Padre sabía que ahora sus hijos no lo podían ver, no lo podían escuchar, no lo reconocían cuando Él se acercaba**, y para colmo no recordaban su identidad de hijos ¿Cómo cuida un Padre a un hijo ciego y sordo que no le reconoce?

**Aun en el reino de las sombras El Padre tenía sus ojos de amor fijamente en el humano.** Sus cuidados rodeaban a cada uno aunque ellos eran tan ciegos y tan sordos que no podían reconocer las manos de su Padre que hacía todo esto por ellos. En el reino de la muerte, los hombres no podían ver ni escuchar a Dios.

Interpretación personalizada de Oseas 11

Cuando tú eras solo un niño, yo te amé. Te llame "Hijo mío" para sacarte del reino de esclavitud. Pero cuanto más te llamaba, Tu más te alejabas de mí. Y cuando otros "falsos padres" te llamaban, tú los adorabas.

Yo Soy quien te enseñó a caminar. Yo soy quien te tome de los brazos pero tú no sabes ni reconoces que fui Yo quien te cuidaba y quien te sanó.

Te atraje con cuerdas de ternura y amor, y Yo fui para ti como quien quita la carga de tu cuello. Te levante como quien carga a un bebe y lo pone junto a su mejilla, y yo mismo me incliné para alimentarte.

Sin embargo mis hijos se niegan a regresar a mí. Irán al reino pecador, y serán forzados a esclavitud. La guerra como un torbellino pasará por sus ciudades.

Los enemigos derribarán sus puertas. Los destruirán, atrapándolos en sus propios planes malignos. Pues mis hijos están decididos a abandonarme.

Aunque me llaman el Altísimo no me honran con el corazón.

¿Cómo podría abandonarte? ¿Cómo podría dejarte ir? ¿Cómo podría destruirte? Mi corazón está desgarrado dentro de mí y mi compasión se desborda.

Pero no daré rienda suelta a mi ira, ni tampoco volveré a destruirte. Porque en medio de ti no está un hombre, sino estoy Yo, el Dios santo, y no te atacaré.

Mis hijos terminarán por seguirme, y entonces yo –Rugiré como un león--, Oh ¡como rugiré!!

Cuando Yo lance mi rugido, entonces mis niños regresaran a mí desde lejos. Como palomas temblando vendrán de la esclavitud, y Yo los traeré de regreso a casa y los estableceré – afirma el Señor-

**El enemigo dentro del reino pecador ha utilizado la injusticia, la violencia y el pecado para torcer**

**completamente la imagen paterna de Dios.** Las personas no reconocemos sus cuidados y el espíritu de orfandad nos ha engañado desde que nacimos.

## ❖ Sacerdocio perdido.

**La imagen del varón como Padre y sacerdote de su casa se había borrado del corazón del hombre,** y esto ha causado profundas raíces de rechazo en los niños y jóvenes. Adán experimentó muy bien la paternidad amorosa de Dios pero no supo transmitirla a las siguientes generaciones y por esto es posible que el día de hoy en consecuencia, tú no sepas lo que es tener un padre amoroso.

**A lo mejor tu caso es este mismo.** Tal vez ni siquiera tuviste un padre, o él te abandonó antes de que nacieras. Tu padre pudo haber sido abusivo y no amoroso, no proveyó para tus necesidades, nunca te conoció, ni te comprendió, no te valoro, no te protegió. O bien, sí te amo pero nunca supo cómo hacer una conexión contigo y nunca te afirmo. Aunque hayas tenido un buen padre, existen imperfectos que seguramente te lastimaron pero Dios es el padre perfecto para ti.

**No esperes perfección de las relaciones humanas pero si puedes depender y esperar toda la perfección en tu relación con Dios**, pues Él es fiel y digno de toda confianza.

**Dios sabía que como hijos nada podemos hacer para tener un padre.** Un niño, un recién nacido no puede hacer nada para ser un hijo. El recién nacido solo clama, y los padres son los que deciden cubrir sus necesidades asumiendo el rol paterno o materno según corresponda porque el hijo ni siquiera puede discernir lo que necesita. La decisión de tomarlo como hijo o abandonarlo es de sus padres o de los adultos cercanos.

## ❖ El Padre Celestial toma la decisión de adoptar a los hombres.

No hay nada que tú puedas hacer para ser hijo de alguien, por mucho que te esfuerces, por muy amable, amoroso, dedicado que seas. **Es un padre el que tiene que tomar la decisión de engendrar o buscar a un niño para ser su padre** por esto Juan 1:13 dice que los hijos son por la voluntad del varón, y los que creen en Jesús son engendrados directamente de Dios.

**Entonces para atraer a sus hijos a sí mismo**. El Padre Celestial envía al único hijo que tenía, al león de la tribu de Judá, a rugir y llamar a sus hijos del reino de esclavitud al reino de libertad. Del reino de sombras al reino de la luz admirable.

**Envolvió a su hijo vestiduras de amor diciéndole** "ponte mi vestido de amor" así me reconocerán en ti. "no olvides recordarles que cuando me hablen me llamen Padre". Enséñales que cuando están a solas en lo secreto yo los escucho, diles que cuando pasan por las aguas yo estoy con ellos, pues yo voy con ellos por dondequiera que vayan, no los dejaré ni los desampararé jamás. Aunque en el reino de las sombras no me puedan ver, yo cumplo mi palabra llena de honra. Todo esto para que se cumpliera la palabra dada en Oseas 13:9 "Te perdiste, oh Israel, más en mí está tu ayuda." (RVR60)

## ❖ Y así llegó a la tierra Jesucristo,

Llegó a la tierra Jesucristo, la luz vestida de amor, para abrir los ojos a los ciegos, y por primera vez en miles de años los hijos pudieron reconocer a su Padre. El príncipe de luz abrió los oídos de los sordos y ahora podían escuchar la voz de su Padre llamándoles y guiándoles cada paso. De la misma manera en que Dios enseñó a Adán todas las cosas, ahora el mismo Dios en forma humana enseñaba toda la verdad a sus hijos. La esclavitud se convirtió en libertad de un momento a otro, y el lamento en baile.

**Gracias a Jesucristo los humanos volvieron a nacer pero esta vez del reino de tinieblas al reino de la luz.** Ahora Él era el primogénito de muchos hijos legítimos de Dios. Jesucristo es el ministro de dar la bienvenida personal a los recién nacidos en su reino y lo hace con especial cuidado, pues su iglesia es su esposa y su especial tesoro:

*"Te bañé, te limpié la sangre y te perfumé. Te puse un vestido bordado y te calcé con finas sandalias de cuero. Te vestí con ropa de lino y de seda. Te adorné con joyas: te puse pulseras, collares aretes, un anillo en la nariz y una hermosa corona en la cabeza. Quedaste adornada de oro y plata, vestida de lino fino, de seda y de telas bordadas. Te alimentabas con el mejor trigo, y con miel y aceite de oliva. Llegaste a ser muy hermosa; ¡te sobraban cualidades para ser reina! Tan perfecta era tu belleza que tu fama se extendió por todas las naciones, pues yo te adorné con mi esplendor. Lo afirma el Señor omnipotente". Ezequiel 16:9-14 NVI*

**Jesucristo, obedeciendo las instrucciones de su Padre, nos enseña nuevamente a llamarle "Padre nuestro"...** Una lágrima de alegría brotó de los ojos del Padre, ¡Al fin tenía contacto e intimidad con sus hijos, por fin volvían a clamar Padre¡

## ❖ El espíritu de orfandad fue echado fuera

**El sacrificio de Jesucristo dio la orden al espíritu de orfandad, y a todo el dolor que causa el abandono de ser expulsado fuera de la tierra y del corazón de los hombres.** Ahora el espíritu de adopción estaba impregnado en los corazones, y ahora sus hijos clamaban "Abba Padre". Poco antes de morir, Jesucristo nos confirma esta promesa diciendo: --No los dejaré huérfanos--... (*Juan 14:16*)

**Tu Padre ha contado todas tus lágrimas**, y las ha guardado pues un día va a secar personalmente cada una de ellas. Tu Padre Celestial sabe que no existe el padre terrenal perfecto, ni tampoco una madre perfecta. No se pueden encontrar pues todos han cometido errores y Dios sabe los daños que esto ha causado en tu corazón, pero Jesús ha venido a sanar todas las heridas y quebrantos de tu corazón.

**Grandes personajes de la biblia han vivido rechazo paterno.** Por ejemplo el Rey David. Cuando el profeta Samuel fue a ungirlo como rey, buscó a su padre Isaí quien llamo a sus hijos excepto a David. Cuando Samuel oro por cada uno dijo-. No ninguno de ellos es el ungido de Dios para ser Rey, no me sentaré a la mesa hasta no ver a todos tus hijos. Había un hijo fuera en el campo que no fue considerado por su Padre y ese fue David, el hijo ignorado por su padre terrenal quien escribe en el salmo 27 "aunque mi Padre y mi madre me abandonen, con todo Dios me recogerá".

## ❖ Dios conoce lo profundo de tu corazón.

*Pero el Señor le dijo a Samuel:—No te dejes impresionar por su apariencia ni por su estatura, pues yo lo he rechazado. La gente se fija en las apariencias, pero yo me fijo en el corazón.* 1 Samuel 16:7 NVI

**El corazón del hombre es un abismo** que se va formando en el transcurso de la vida. Desde que una persona nace cada experiencia, cada alegría, cada desilusión, cada enseñanza, cada palabra hablada por sus padres y mayores, el trato de sus amigos, maestros, hermanos moldea una forma nueva y diferente en el corazón.

**Todos los corazones son únicos**, y cada uno tiene huecos, recovecos, caminos y espirales que sólo Dios puede ver. Sabemos que el hombre se fija en la apariencia externa, pero Dios ve a profundidad los componentes del abismo del corazón humano. Tu corazón es único como tu huella digital y conocer un corazón a la perfección humanamente es imposible.

**Nosotros mismos desconocemos lo que guardamos en lo más profundo del corazón**, pues nuestro corazón se ha ido formando con experiencias desde antes de nacer hasta el día de hoy. A veces no comprendemos la razón de algunas actitudes que tenemos, el porqué de pronto actuamos con ira, con tristeza, con inseguridad. Ni cuenta nos damos de porque ciertos sonidos, canciones, voces o situaciones despiertan algo en nosotros. Por lo general lo notamos hasta que Dios lo pone delante de nuestros ojos.

**En lo natural las profundidades de un abismo son desconocidas a los seres humanos**. Un ser humano es incapaz de penetrar a un abismo y conocerlo, porque sus condiciones son hostiles al hombre. En lo natural un abismo tiene enormes y variadas profundidades, en algunas áreas no llega luz natural, tiene huecos y recovecos. Puede haber agua, cascadas. Esto genera sonidos, tiene diferentes contenidos, diferentes formas y aromas. Todas las partes de un mismo abismo tienen distintas temperaturas y distintos comportamientos. La vegetación del interior puede cambiar con el frio, con el calor. El fondo es de componentes múltiples y aún las creaturas que viven ahí no son las habituales que conoce el hombre.

**De la misma manera en lo espiritual, Dios es el único que conoce y comprende el abismo de tu corazón.** Cuando Jesús vino a la tierra Él sabía lo que había en el abismo del corazón de los hombres. Dios estudia y escudriña cada corazón. Dios prueba los corazones como el crisol funde la plata y el calor del horno derrite el oro. El Espíritu Santo tiene un sentir diferente para cada corazón, Él tiene la llave de cada abismo y Su palabra penetra al fondo del corazón y es poderosa en actuar conforme a la voluntad de Dios.

**Tu Padre Celestial estudia a detalle tu corazón**. El conoce que guardas en lo más profundo de tu corazón donde nadie puede ver, a veces ni tú mismo. Dios conoce todos tus secretos. Dios te ha examinado y conocido. Él sabe lo que calma tu corazón y lo llena de paz, de la misma manera en que conoce que cosas te hacen levantarte a seguir y luchar por algún objetivo.

**De lejos Dios sabe lo que piensas y todavía no está la palabra en tu lengua cuando Dios ya la sabe toda**. Aunque tú no sepas nada de Dios, Él sabe todo de ti porque eres su hijo y te ama como un Padre.

**No existe un lugar donde puedas esconder tus pensamientos y sentimientos de Dios**, pues aun lo que te apasiona está a la vista de Dios. Nadie puede esconderse de Su Espíritu, nada hay oculto que Él no pueda transformar. Tu corazón es un abismo desconocido para el mundo pero moldeable como arcilla en las manos de Dios. En tu corazón no existe un lugar tan obscuro que la luz de Cristo no pueda iluminar.

**Cuando tu alma esta triste, contenta, desolada, emocionada, deprimida o desesperada, tu corazón emite un sonido que es un gemido indecible que solo Dios puede descifrar**. Y lo interesante es que el corazón de Dios responde de una manera especial para cada persona. Dios te habla a ti en un lenguaje que nadie más puede comprender. *"Un abismo llama a otro abismo en el rugir de tus cascadas; todas tus ondas y tus olas se han precipitado sobre mí. Ésta es la oración al Dios de mi vida: que de día el Señor mande su amor, y de noche su canto me acompañe. Salmos 42:7-9 (NVI)"*

**El abismo del corazón de un hijo clama al corazón del Padre**, y las profundidades del corazón de Dios responden al clamor del hijo. Dios quiere darle a la humanidad lo que nunca pudo dar un padre terrenal. ¿Que contesta el Padre a sus hijos que lo buscan?

## ❖ Hoy tu padre te dice:

♥ Yo veo lo que haces en lo secreto y te aplaudo aunque nadie reconozca tus esfuerzos. Mateo 6:6

♥ Yo entiendo bien lo que necesitas y deseo darte todo esto aún antes de que tú me lo pidas. Mateo 6:8

♥ Yo deseo con todo mi corazón ser el guiador de tu juventud y de cada etapa de tu vida. Jeremías 3:4

♥ Anhelo celosamente ser tu Padre, y deseo que aceptes recibir la herencia más hermosa y más deseable que pueda existir. Jeremías 3:19

♥ Me encanta que me llames "Padre" y mi deseo es que nunca abandones mi amor. Mateo 6:9

♥ Ten confianza en mí porque yo nunca te dejaré ni te abandonaré. Deuteronomio 31:6

♥ Por mí fuiste engendrado, yo te coloqué en el vientre de tu madre, yo cuidé su embarazo, mis ojos vieron tu embrión formarse, yo hice cada parte de ti. Salmos 139:16

♥ Yo te imaginé, y te disfruté en mi corazón desde antes de la creación del mundo. Efesios 1:4

♥ Yo pensé en tu sonrisa el día que iba a sufrir por ti en la cruz, y tu alegría eterna fue mi fuerza. Hebreos 12:2

♥ Con mucha emoción te hice nacer, te vi jugar de niño, te vi llegar a la juventud. Con la misma emoción te veo envejecer, y aunque tu cabello peine canas, mi entusiasmo por ti nunca cambiará, yo siempre te cuidaré con el mismo amor. Isaías 46:4

♥ Yo me haré cargo de ti y nunca te faltará nada. Salmos 34:10

♥ Vales más que cualquier cosa creada, yo visto, alimento y amo a todos los seres creados, desde los pájaros hasta las flores, pero a ti te cuidaré, te alimentaré, te proveeré y te sostendré con mayor amor que a todos ellos. Lucas 12:28

♥ Siempre respondo tus oraciones. Siempre escucho tus oraciones. Salmos 65:2

♥ Tengo grandes planes para cada día de tu vida, yo puedo convertir cualquier vida sin sentido en una vida llena de propósito y honra. Jeremías 29:11.

♥ Conozco todas tus fallas pero no quiero que te concentres en ellas. Yo deseo que experimentes que mi amor siempre da un nuevo comienzo y un nuevo final más glorioso que el que tú mismo esperabas. Isaías 55:7

♥ Quiero que llegues a conocerme realmente. Salmos 27:8

## ❖ Nuevos comienzos

La biblia es un libro plagado de nuevos comienzos, sin importar cuan bajo o cuán grande haya sido el error de una persona, Dios siempre ha dado un nuevo comienzo. **No importa lo que te hayas equivocado**, aunque para ti parezca que no existe la manera de solucionar tu vida, Dios da nuevos comienzos todo el tiempo.

**Dios dio un nuevo comienzo a Moisés;** un niño esclavo destinado a morir en manos de los soldados egipcios convirtiéndolo en príncipe, y luego en pastor de ovejas para que después recayera en él la responsabilidad de dirigir la liberación de una nación.

**Dios dio un nuevo comienzo a Rahab;** mujer ramera al convertirla en la esposa honorable de un príncipe de Israel.

**Dios dio un nuevo comienzo a Noemí;** mujer viuda, sola y pobre convirtiéndola en mujer que habita en familia y se goza de tener nietos.

**Dios convierte a una vida sin sentido y sin esperanza en una vida llena de propósito y honra.** Ahora Dios te pone a ti sus vestiduras de amor y te envía a compartir esta buena noticia por toda la tierra. Lleva a los brazos del Padre Celestial a todos los hijos pródigos que puedas. Ellos van a reconocer mi olor, mi presencia y mi amor en ti. Ellos me van a recordar a mí cuando te vean a ti, pues mi amor ha sido derramado en tu corazón.

**Por cada hijo que acerques a mí, hare una fiesta en el cielo y grande será tu recompensa en agradecimiento.** Ves a esa persona con la que te topas diariamente en el trabajo, recuérdale que puede llamarme Padre, dile que tengo una herencia hermosa para que la disfrute y dile que Yo lo estoy esperando. Amén.

*"Yo mismo dije:* ¡Cómo quisiera tratarte como a un hijo, y darte una tierra codiciable, la heredad más hermosa de las naciones! Yo creía que me llamarías Padre mío, y que nunca dejarías de seguirme". *Jeremías 3:19 NVI*

# HERENCIA DE PODER:
# EL REINO DE LOS CIELOS

**Por tradición nos han enseñado** a imaginarnos al Reino de los Cielos como un lugar hermoso al que uno va después de la muerte.

Pensamos que existe una aduana donde hay un libro de nuestra vida, y una lista de obras buenas y malas que son puestas en una balanza, y según el resultado el agente aduanal nos permite o bien nos restringe el paso, de acuerdo a lo bien o mal que nos hayamos portado durante nuestra vida en la tierra.

Si la aduana nos permite el acceso, entonces nos recibe San Pedro en su vejez, lleno de arrugas, con una barba blanca, muy larga que llega hasta el suelo y con una punta al final, quien con manos temblorosas saca unas llaves de oro con letras doradas que dicen: "Las llaves del Reino de los Cielos" .Entonces los afortunados que lograron portarse más bien que mal entrarán al paraíso eterno.

**Pero lo que Jesús nos enseñó en realidad, fue muy distinto.** Él nos enseñó siete parábolas principales acerca del Reino de los Cielos, así como muchas otras enseñanzas.

## ❖ ¿Qué es el Reino de los Cielos?

En el mundo han existido muchos reinos. En la historia de la humanidad los reinos humanos han sido levantados y derribados, han sido grandes y pequeños, han sido largos o breves, prósperos y pobres, pacíficos y violentos, etc.

El Reino de los Cielos es un reino mayor a todos los reinos humanos, es un reino eterno que siempre ha existido y que jamás será derribado.

En el Reino de los Cielos el Rey de Reyes es Jesucristo y nosotros somos reyes con autoridad delegada. Este reino no es únicamente un lugar físico sino que también es el sistema de gobierno de un reino de poder.

## ❖ ¿Quién está llamado a entrar al Reino de los Cielos?

El Rey de Reyes, Jesucristo, se encarga de llamar por nombre a cada persona. Dios insiste a lo largo de nuestra vida buscando enamorarnos y atraernos a Él con cuerdas de amor. Una vez que la persona acepta el llamado de Dios para pertenecerle Él mismo Rey de Reyes (Jesucristo) da una bienvenida personal dando un especial cuidado a cada recién llegado.

Instantáneamente el nombre de cada persona queda registrado para siempre en todo el Reino de los Cielos con una fiesta especial el día que se convierte. Todos los ángeles y todo ser espiritual se dan por enterados que el espíritu de esta persona desde ahora y para siempre pertenece al Padre Celestial.

Automáticamente el Espíritu de Dios habita dentro del corazón de la persona y Dios da la orden a una guardia especial de ángeles (además de su ángel guardián quien está desde el nacimiento) para que cuiden al nuevo integrante por donde quiera que vaya.

En el momento en que alguien decide aceptar pertenecerle a Dios, el Espíritu Santo busca hacerlo crecer en sabiduría, en estatura espiritual y en gracia mediante su palabra dada a los hombres. De igual manera todo el mundo espiritual desea ardientemente ver manifestados los dones y talentos de la persona al máximo para que gloria del Dios Altísimo llene toda la tierra.

El Reino de los Cielos es un lugar de aceptación, en este Reino tú eres aceptado por el Rey de Reyes Jesucristo tal y como eres. *"y al que viene a Mí, de ningún modo lo echaré fuera"* Juan 6:37 NBLH

Dios es un Rey que nunca va a intentar manipularte, ni controlarte, ni cambiar tu esencia o tus gustos, pues su aceptación va más allá de los límites humanos. El Espíritu Santo únicamente te hará crecer en sabiduría, en estatura espiritual, en gracia, en victoria, en fe y en felicidad.

Para poder entrar al Reino de los Cielos, el único requisito es que tu aceptes a Jesucristo por lo que Él es: Él es la única Puerta al cielo, El único Camino al Padre Celestial, El único Salvador de tu espíritu, El Magnífico Rey de Reyes, El Único Dios verdadero, El Mesías profetizado en todas las escrituras, El Rey de Reyes y Señor de Señores, El Príncipe de Paz. ¿Lo aceptas como Él es?

El que tú aceptes a Jesús en voz alta como lo que Él es, "El Señor y Salvador del mundo" te trae paz con Dios. El que tú confieses a Jesús como tu Salvador y aceptes su sacrificio de sangre te limpia de todo pecado, y te posiciona dentro del Reino de los Cielos.

Hoy Jesús toca a tu puerta y te llama por nombre invitándote a entrar a Su Reino. Para lograr entrar sólo hay que decir en voz alta: Jesús yo te recibo como mi Señor, y te acepto como mi salvador. Hoy sé que tú perdonas todos mis pecados y yo estoy en paz contigo eternamente. Hoy mi nombre está escrito en tu libro de la vida y ahora soy parte del Reino de los Cielos para siempre.

¡No me siento digno de entrar, porque me he equivocado mucho en la vida!…Todos hemos pecado, no hay nadie que merezca entrar por sí mismo.

El perdón de Dios es un regalo (por eso se le llama GRACIA) disponible a todos los seres humano sin importar cuántos errores graves haya cometido la humanidad. El sacrificio de Jesucristo es para cualquiera que lo reciba y Dios no hace excepción de personas. Su perdón te hace entender que es imposible que Dios esté enojado contigo, pues Él dijo que ha olvidado para siempre todos tus pecados y transgresiones.

## ❖ ¿Cuál es la función de las personas dentro del Reino de los Cielos?

Dios tiene previsto que cada persona utilice todos los dones y talentos naturales que ha recibido del Padre Celestial.

Cada persona tiene una pasión y un deseo en su corazón. Esta vocación fue puesta por Dios con la intención de que utilice sus dones y talentos para ser útil dentro del Reino de los Cielos.

Cada persona al utilizar sus dones naturales puede realizarse plenamente y ser muy feliz al trabajar. Esto también alegra a Dios.

## ❖ ¿Dónde se localiza el Reino de los Cielos?

El Reino de los Cielos está establecido en el cielo y en la tierra. El reino de los cielos está establecido en la tierra, en el cielo físico, en la atmósfera, en nuestro sistema solar, en el universo y el tercer cielo donde se encuentran el trono de Dios, el paraíso y la casa que Jesucristo preparó personalmente para ti.

En el cielo se encuentra la expresión más grande y perfecta del Reino de los Cielos. Dios habita físicamente en su palacio. Él está sentado en su trono gobernando y toda su voluntad ocurre inmediatamente, sin ningún retraso y se obedece a la perfección absolutamente sin estorbos.

En el Cielo todas las personas y todos los seres pueden ver a Jesucristo y al Padre Celestial. Todo ser tiene la máxima intimidad y convivencia con Dios. Jesucristo se pasea en medio de todos los seres celestiales. Todos se conocen entre ellos aunque en la tierra jamás se hayan conocido.

No hay nada oculto, Dios se manifiesta completamente y Jesucristo les ha sido completamente revelado. Toda la verdad es conocida a la perfección y no existe el engaño ni el fraude.

La felicidad y el gozo son tan enormes que las sonrisas y las carcajadas son una característica común en todos los rostros que lucen radiantes y completamente rejuvenecidos por Dios. Las arrugas reflejan el paso del tiempo, y en el cielo no existe edad ni tiempo.

En el cielo nadie se preocupa por lo que van a comer, o por lo que van a vestir pues El Padre viste a todos como reyes, con mayor hermosura que las flores, y con mayor elegancia que la de Salomón en la tierra. Dios les proporciona todo y es el sustento perfecto de todos. Todas las mesas tienen abundancia de comida, todas las copas rebosan.

Los árboles dan fruto en todo tiempo y su hoja no cae. Los ríos desbordan de agua viva; los colores y aún las rocas palpitan con vida. Los animales, las plantas, los hombres, los ángeles y Dios conviven a la perfección y se pueden comunicar.

No hay enfermedades, no hay tristezas, no hay envidias ni celos, no existe el miedo, ni el odio, ni el dolor, y mucho menos la muerte; pues el amor y el gozo de Dios echaron fuera para siempre todas estas maldades.

En la tierra el Rey de Reyes no habita en castillos ni templos humanos, sino que habita dentro de los corazones. Cualquier ser humano que ha aceptado recibir todos los beneficios del sacrificio de Jesucristo se convierte automáticamente en el tabernáculo terrenal del Espíritu Santo.

En el cielo, Jesucristo el Rey de Reyes habita en medio de su pueblo y todas las voluntades están unánimes a la voluntad de Dios. Por esto, en el cielo, la buena voluntad de Dios se cumple instantáneamente, sin estorbos, sin demora. La buena, agradable y perfecta voluntad de Dios ocurre en todo momento para todos en absoluta armonía.

En la tierra está el enemigo de Dios quien busca causar resistencia a la voluntad de Dios. El enemigo engaña al humano para causar oposición y estorbo; pues odia que se realice la buena voluntad del Rey quien es Dios. Esto causa luchas y batallas entre el bien y el mal, entre ángeles y demonios, entre personas y circunstancias; entre la carne y el espíritu. La oración de Jesucristo es: Hágase tu voluntad, así como en el cielo, también en la tierra.

## ❖ ¿Existen jerarquías en el Reino de los Cielos?

Existen jerarquías completamente diferentes al sistema del mundo que nos rodea y al que la mayoría de las personas estamos acostumbradas.

**En primer lugar est**á **El Rey de Reyes quien es Jesucristo**.

Indiscutiblemente Dios ha dado toda la exaltación, toda la gloria, todo el poder, toda la honra, toda la autoridad en el Reino de los Cielos a Su Hijo Jesucristo. Todas las creaturas celestiales, terrenales y aún infernales doblan su rodilla ante la presencia de Jesucristo, y toda lengua está obligada a confesar que Jesucristo es el Señor de Señores y Rey de Reyes. Esto es para la gloria del Padre Celestial.

**En segundo lugar estamos nosotros**, como hijos de Dios. Entre los humanos existen también diferentes grados y jerarquías completamente inversas a los niveles establecidos de prestigios mundanos. Las jerarquías del Reino de los Cielos se dividen aproximadamente como se menciona a continuación:

**Los más grandes en jerarquía del Reino de los cielos son los niños**, quienes son ejemplo de fe, de pureza de corazón y de amor profundo a Dios. Los niños son tan grandes a los ojos de Dios que tienen entrada libre y acceso automático al Reino de los Cielos, pues los niños le pertenecen. Los ángeles que cuidan a los niños tienen acceso continuo a la presencia de Dios y lo miran cara a cara todo el tiempo.

**Los primeros en el Reino de los Cielos son los que fueron últimos en el mundo, como todo aquel que sirve.** Los primeros del Reino de los Cielos son las personas que han decidido renunciar al prestigio, a la fama, al poder, a buscar la propia honra y en lo secreto sirven a Dios de todo su corazón lejos de la vista y de los aplausos de los hombres.

**Los primeros del Reino de los Cielos son los que se humillan bajo la poderosa mano de Dios,** y no buscan pago ni recompensa humana. Los primeros a los ojos de Dios son los que no han perdido de vista su condición de siervos de Dios. Jesucristo el Rey de Reyes en la tierra se humillo a ser el más grande siervo de toda la humanidad. A Jesús no le importó despojarse de su deidad, para venir a servir. Jesús tenía todas las razones existentes para no lavar los pies polvosos de sus discípulos y siendo el líder y el mayor en honra entre ellos, decidió humillarse a sí mismo y servir como el menor de todos.

**Los** últimos **del Reino de los Cielos son los que aman ser los primeros en el mundo**. Aquellos quienes buscan las posiciones de mayor honra y prestigio, los lugares de honor que están a la vista de todos y junto a las personas más importantes, los que buscan ser servidos más que servir.

El Espíritu Santo que nos ama tanto busca cada día enseñarnos a buscar las jerarquías más altas del Reino de los Cielos y a desechar los mejores puestos de honra existentes en el mundo. A Jesús le parecía tan importante esta enseñanza que llamó a los doce para explicarles que quien quiera ser primero en el reino de los cielos, se convierta en el servidor de todos.

**El tercer lugar del Reino de los Cielos es de los ángeles**, quienes tienen varias funciones: luchan y protegen al humano de ataques físicos o espirituales (*ver 2 Reyes 6:16*), vigilan y apoyan al cumplimiento de la palabra de Dios para que nunca vuelva vacía al Padre Celestial (dado que la palabra de Dios es una semilla, cuidan el fruto de la misma), están al servicio de los herederos de la salvación, que somos nosotros. (*Ver Hebreos 1:14*), acompañan todos los regalos, palabras y oraciones que son enviados desde la presencia misma de Dios a cada humano, luchando contra cualquier oposición y vigilando que llegue a la persona en el momento perfecto (*ver Daniel 10:12-13),* entre muchas otras funciones.

## ❖ ¿Cuáles son las reglas en el Reino de los Cielos?

Las reglas del Reino de los Cielos no van de acuerdo con la lógica ni con el pensamiento humano. Pues la inteligencia de Dios es muchísimo mayor a la nuestra, entonces sus pensamientos no son como nuestros pensamientos, ni la manera en que El planea los caminos se parece a nuestra forma de caminar.

*"Como son más altos los cielos que la tierra, así son mis caminos más altos que vuestros caminos, y mis pensamientos más que vuestros pensamientos".* Isaías 55: 8-9 RVR60.

Los caminos del Reino de los Cielos son caminos muy "ALTOS", y la manera de pensar del Reino de los Cielos son pensamientos muy "ALTOS".

Esto nos habla de un nivel de conciencia muy elevado. Un estándar de pensamiento mucho más alto que el pensamiento del mundo y una estatura de consciencia mucho más alta que el nivel de conciencia terrenal. Dios te dice hoy "renueva tu manera de pensar acostumbrándote a mis caminos altos y a mis pensamientos altos".

Por ejemplo: En el Reno de los Cielos Dios escoge lo que el mundo desecha y desprecia: *"lo vil y despreciado del mundo ha escogido Dios" (1 Corintios 1:28 RV60)*

- Dios escoge a lo débil del mundo para avergonzar a lo fuerte: Por ejemplo el joven y pequeño David contra el gigante Goliat (ver 1 Samuel 17).
- Dios usa lo necio del mundo, para avergonzar a los sabios: Por ejemplo Jesús llamó a pescadores y personas normales para seguirlo, y los fariseos, sabios de su época, fueron desechados porque por su soberbia se auto descalificaron.
- Dios llama y usa lo que no es, para anular lo que es. La manera en que Dios extrae el potencial de

cualquier semilla del corazón es incomprensible a la lógica humana. Por ejemplo la historia de Gedeón (ver Jueces 6:12)

Al escoger lo débil del mundo, lo necio del mundo, lo que no es, nos hace manifiesto que el trabajo lo hizo Dios, pues era imposible que el humano débil, el humano necio y cualquier humano que no es (valiente, esforzado, guerrero, grande, fuerte, etc) pudiese lograr cosa semejante. Todo esto para que la gloria sea únicamente de Dios. "EL QUE SE GLORIA, QUE SE GLORIE EN EL SEÑOR". *(Ver 1 Corintios 1:26-31)*

Otras reglas que van en contra de la lógica humana son las leyes de la provisión y de la abundancia. *(Ver Mateo 13:12)*. Esta es una regla que se aplica en todo en el Reino de los Cielos:

*Porque a cualquiera que tiene, se le dará más, y tendrá en abundancia...* Esto significa, quien tiene generosidad, tendrá en abundancia, quien tiene hambre de la palabra, tendrá revelación en abundancia, quien siembra semilla, más semilla se le dará y en abundancia tendrá.

*Pero a cualquiera que no tiene, aun lo que tiene le será quitado...* Quien no tiene hambre por la palabra, aún lo poco que escuche, le será robado por el enemigo, quien no da en generosidad, será robado por el devorador.

Esto ocurre en todos los aspectos, porque en el Reino de los Cielos *"Es más bienaventurado dar que recibir" (Hechos 20:35 RVR60)* Este versículo nos enseña que una persona que "da a otros", está en una posición superior de bendición que todo aquel quien "recibe de otros".

Dios nos está enseñando que tenemos más de que gloriarnos cuando damos que cuando recibimos. La prosperidad de Dios entra por la puerta del dador y del generoso a diferencia del mundo.

Tenemos un ejemplo bello y poderoso en hechos 10, cuando un ángel se le aparece a un hombre llamado Cornelio diciéndole: tus oraciones y tus caridades, tus misericordias y actos de bondad con los pobres y tus vecinos han llamado la atención de Dios.

El dador alegre llama la atención de Dios. En las finanzas del Reino de los Cielos las escrituras nos enseñan que quien más da, más recibe, es prosperado, y su actitud le abre la puerta a Dios para que proteja sus finanzas. Quien no quiere dar, no recibe y esta actitud favorece que pueda ser robado en sus finanzas.

El Reino de los cielos es gobernado en pensamientos altos y caminos altos.

Como reyes y señores que somos del Reino de los Cielos estamos llamados a gobernar en caminos altos, de una manera completamente diferente a como se gobierna en la tierra.

- En el Reino de los Cielos las personas son movidas por fe y no por miedo.
- No es más importante el que tiene más dinero sino el que más da.
- Es más importante el que se humilla ante Dios reconociendo su necesidad espiritual (pobreza de espíritu). El que es soberbio de espíritu cree que puede lograr todo sin la ayuda de Dios.

- Es más importante el que pone a Dios primero, dejando sus deseos carnales al último.

- Es más importante el que sirve y está al último de todos en el mundo, que el que está sentado en los primeros lugares esperando ser servido.

- Es más importante el que busca agradar a Dios antes que a los hombres, sin importar si se enfrenta a críticas, a rechazos o a persecución.

- Es más importante el que le cree al Dios invisible antes que a cualquier circunstancia visible. La fe abre toda puerta al reino de los cielos y permite obtener cualquier recurso proveniente de Dios.

- Es más importante el que busca hacer todo para la Gloria de Dios y rechaza vanagloriarse a sí mismo. Dios no recibe glorias humanas.

- Es más importante el que decide perdonar, escogiendo creer que Dios conoce las intenciones del corazón, y es Él quien venga los agravios. Es menos importante aquel que decide vengarse por sí mismo.

## ❖ ¿Cuándo nos fue dado el Reino de los cielos?

*"No tengan miedo, mi rebaño pequeño, porque es la buena voluntad del Padre darles el reino"* Lucas 12:32 NVI.

Jesús vino a revelarnos la existencia del Reino de los Cielos y a decirnos que Él es el único camino, la única Puerta para poder entrar y recibirlo. A Jesucristo le fue dada toda la autoridad, el dominio, el poder y el Reino por los siglos de los siglos, para que todos los pueblos, naciones y lenguas le sirvieran.

El libro de Daniel 7 explica que gracias a Jesucristo y la expiación que El ofreció por el pecado, todos los que creen en Él recibieron el reino.

Jesús sube a un monte para darnos la Constitución del Reino de los cielos, donde nos da algo mucho más grande y mejor que leyes, sino que nos otorga promesas provenientes de la boca de Dios, pues es su agrado y voluntad cumplirlas en nosotros.

El Reino de los Cielos en la tierra, tiene como meta fundamental ser extendido a todas las naciones, pueblos y lenguas, para salvar a la humanidad, y que el nombre de Jesucristo sea engrandecido.

## ❖ ¿Cuáles son las virtudes más importantes de un ciudadano del Reino de los Cielos?

Jesús nos da en orden las virtudes más importantes del Reino de los Cielos.

I. <u>Primera virtud</u>: habla de nuestra actitud delante de Dios (humildad, pobreza de espíritu, fe).

II. <u>Segunda virtud</u>: La importancia de nuestras palabras.

III. <u>Tercera virtud</u>: de la excelencia y prosperidad del alma.

## ❖ Pobreza de Espíritu

**Dios bendice a los que son pobres en espíritu y se dan cuenta de la necesidad que tienen de Él, porque el reino del cielo les pertenece. Mateo 5:3 NTV**

Todo aquel que reconoce su necesidad espiritual de Dios. Los que reconocen su necesidad de Dios en la biblia son llamados humildes y se les otorga el título de "dueños del reino de los cielos". Una persona se convierte en pobre de espíritu en el momento en que reconoce que separado de Dios nada puede hacer. (Ver Juan 15:5)

**El que es pobre de espíritu no tiene otro remedio ni otra salida que no sea Dios**. La falsa humildad por el contrario dice: no quiero molestar a Dios con mis problemas, voy a resolverlos solo. Este es soberbio de espíritu porque está diciendo que no tiene necesidad de Dios. El soberbio de espíritu da a entender que tiene otro camino que no es Jesucristo, y otra solución de quien depender para arreglar su vida sin necesidad de la ayuda de Dios.

El peligro de esta situación es que Dios resiste a los soberbios de espíritu y da gracia a los humildes.

## ❖ Esperar en Dios

*"Bienaventurados los que lloran, pues ellos serán consolados"*. Mateo 5:4 NBLH

La palabra hebrea para decir "esperar" es la misma que para "llorar", entonces en hebreo, Jesús nos está diciendo: Bienaventurados los que esperan en El Señor, porque ellos encontrarán lo que están buscando. (TPT Matthew 5:4)

La palabra de Dios nos enseña a esperar confiadamente y de manera alegre en Dios con la plena confianza en que

Dios está actuando en este momento a nuestro favor y la respuesta se va a manifestar delante de nuestros ojos en el mejor momento. Esta espera es tanto de tiempo como de expectativa.

La tentación de reclamarle a Dios pensando que no nos ha escuchado o que no nos responde queda eliminada con esta bienaventuranza dada por Jesucristo.

Por fe, cada vez que ores, ten la plena certeza que fuiste escuchado, pues tu oración es importante en el cielo. Por fe, aunque tus ojos físicos no vean una respuesta, alégrate y espera en Dios con paciencia, viendo en los ojos de tu corazón la oración plenamente respondida a su máxima expresión.

Esperar recibir misericordia de parte de Dios es una virtud que llama la atención de Dios. Los salmos nos exhortan a esperar bondad y misericordia de Dios y nunca esperar cosas malas de Dios.

Los ojos de Dios están sobre los que esperan recibir misericordia de Dios a pesar de que las circunstancias sean completamente adversas. Por esto David declaraba: "seguramente la bondad y la misericordia me perseguirán todos los días de mi vida"; Y por su fe, eso mismo recibió.

Jesús esperaba en Dios para todo lo que necesitaba, dependía de Dios para tomar decisiones, para elegir las palabras que decía, y para todas las cosas que hacía. Esperar en Dios con alegría evita la angustia, la depresión y te mantiene en un gozo constante y te acerca al milagro que estás buscando.

# ❖ Mansedumbre.

*"Bienaventurados los mansos: porque ellos recibirán la tierra por heredad"*. Mateo 5:5 RVR1960

**Manso, del griego "praus"** (strong 4239) que significa dócil, amable, gentil, sumiso y obediente a Dios. No significa debilidad como muchos pueden confundir este término, sino por el contrario, <u>significa fortaleza de carácter bajo el control de Dios</u>.

**La mansedumbre es belleza espiritual a los ojos de Dios**. Pedro en su primera carta describe que nuestra belleza no debe ser únicamente la externa con adornos y joyas ostentosas. Te puedes adornar y arreglar pero tu belleza no debe detenerse ahí. Nuestra belleza debe ser la de un espíritu gentil, suave, apacible, lleno de mansedumbre.

**La humildad de la mansedumbre te da una belleza que ning**ún adorno externo te puede dar; es un fruto que da el Espíritu Santo dentro de nosotros para establecer paz interior y a nuestro alrededor. Este fruto del Espíritu siempre nos guía a establecer la paz en todo lo que hablamos y hacemos. Él siempre te va a llevar a utilizar la templanza que has recibido de Dios para toda situación.

Aun cuando estés en medio de un conflicto, tus palabras y acciones están llamadas a establecer la paz. ¿Estas corrigiendo a un hijo? Establece la paz. ¿Estás en un lugar de trabajo desorganizado, conflictivo o tu familia vive una situación caótica? Establece la paz sin gritos, sin odios, sin venganzas, sino con benevolencia, templanza, con la guía del Espíritu

Santo, que está aquí para ayudarte siempre. ¿Tienes que tomar una difícil decisión? Sigue la guía que la paz de Dios dicta en tu interior.

Las escrituras (Salmo 37) nos enseña que la tierra es la herencia de quien practica la mansedumbre, y su deleite es la abundancia de paz. Jesús es el ejemplo perfecto de mansedumbre, este ejemplo se explica mejor en el capítulo de juicio entre los hombres.

*"Llevad mi yugo sobre vosotros y aprended de mí, que soy manso y humilde de corazón, y hallaréis descanso para vuestras almas"*; Mateo 11:29 RVR60

## ❖ Hambre y sed de Justicia.

*"Bienaventurados los que tienen hambre y sed de justicia; porque ellos serán saciados".* Mateo 5:6 RVR1960

**Las personas que ya viven en el cielo, experimentan toda la justicia divina en su máxima expresión.** Todas son felices, todos en el cielo ven el rostro de Dios, todos son protegidos, bien cuidados por El, todos se alimentan de los mejores platillos, todos tienen familia, tienen una casa, y viven en abundancia de alegría y paz.

**En el cielo la enfermedad, la muerte, el dolor y la tristeza no pueden entrar, y es imposible que afecten a alguien.** En la ciudad celestial estos enemigos del ser humano y la maldad están alejados de las personas para siempre, como está lejos el oriente del occidente.

Jesús vino a la tierra a traernos toda la vida abundante y toda la justicia que hay disponible en el cielo a la tierra.

Esto nos demuestra que la voluntad de Dios para las personas que todavía vivimos en la tierra es que disfrutemos de todo el bienestar, la prosperidad, la salud, la alegría, la paz, y la perfección de la justicia divina que hay en el cielo. Dios desea que vivamos en esta "vida abundante" y "justicia divina" ahora.

Él nos invita a buscar como una prioridad la justicia del cielo sobre nuestras vidas, y a clamar a Él por justicia. Dios nos da el derecho de recibir toda justicia divina en el instante en que creemos en que Jesús nos perdonó a través de su sacrificio en la cruz. En el momento en que eres perdonado, entonces eres justo a los ojos de Dios y la justicia es tu herencia.

El Padre Celestial se alegra de que sus hijos inviten a los demás a disfrutar de las delicias de su justicia. La buena noticia que Jesús ha pagado por nuestros pecados debe ser compartida y enseñada a otros. Esto es buscar establecer justicia divina en la tierra, y en el reino de los cielos esto es considerado una labor grande y hermosa.

**El enemigo persigue y pone tropiezo a quien trabaja por establecer la justicia divina en la tierra predicando la verdad de Jesucristo**. Al enemigo no le gusta ver a las personas felices, divertidas, disfrutando de la vida abundante. El enemigo hace todo lo que puede por arruinar la vida de las personas, desea engañar a un a los que han creído en Cristo para hacer su vida miserable a través de amarguras, rencores, pleitos, odios, falta de perdón, falta de recursos, enfermedades, miseria, muerte, violencia, etc.

Jesús ya conocía los planes del enemigo y por eso le llama homicida y mentiroso, pues el diablo desea ver a las personas y a los niños en un estado miserable e infrahumano.

**Debido a que la justicia de Dios desbarata las obras del enemigo, es muy valioso a los ojos de Dios quienes trabajan para establecer Su Justicia en la tierra** y nos otorgó una promesa muy alentadora a todos los que sufren por establecer la Justicia Divina en la tierra: Bienaventurados los que padecen persecución por causa de la justicia; porque de ellos es el reino de los cielos. Mateo 5:10 RVR60

No es malo querer vivir en prosperidad y en armonía, de hecho es más fácil que nuestro ser se acostumbre a lo bueno que a lo malo, porque a los ojos de Dios es muy bueno querer vivir en salud, en felicidad, en paz, en abundancia. Esta es la voluntad de Dios.

Es bueno y deseable buscar vivir en justicia divina. Es todavía mejor compartir la justicia divina que Jesús nos trajo del cielo.

## ❖ ¿Quién tiene las llaves del Reino de los Cielos?

Jesús dio a la iglesia las llaves del Reino de los Cielos: En *"Mateo 16:18-19 TPT"* traducción del griego antiguo dice así: *18: Yo te doy el nombre de Pedro, roca. Y esta verdad acerca de quién Soy Yo será el cimiento de roca en el cual Yo construiré mi Iglesia —mi asamblea legislativa, y el poder de la muerte no podrá vencerla!19: Yo te doy las llaves del Reino de los Cielos, de manera que lo que prohíbas en la tierra será prohibido en el cielo, y lo que liberes en la tierra sea liberado en el cielo.*

Esta traducción explica que la palabra griega *"ekklesia"* significa "asamblea legislativa" o "personas selectas". Esta palabra *ekklesia* que utiliza Jesús, no es un término religioso, sino que es un término político y gubernamental. La *ekklesia* griega o asamblea legislativa de la antigua Grecia nombraba magistrados que tenía la función de gobernar, tenía autoridad, y poder para hacer uso de la ley. (Ekklesia Fuente: https://es.wikipedia.org/wiki/Ekkles)

La palabra griega ekklesia Es una palabra compuesta. Contiene la palabra "ek" que significa "fuera de un lugar y llevados dentro de otro" *(Strong 1537, 1577)* y la palabra "klesis" llamados, invitados o *convidados (Strong 2821, 2564).* Literalmente significa los que han sido llevados fuera y que son llamados, escogidos o convidados.

La antigua Grecia llamaba a ciudadanos comunes a formar parte de la asamblea legislativa para gobernar. De esta misma manera, Dios nos llamó, como seres humanos comunes del mundo y del reino de las tinieblas y nos trasladó al Reino de los Cielos, (de Jesucristo). *"Porque Él nos libró del dominio (de la autoridad) de las tinieblas y nos trasladó al reino de Su Hijo amado". Colosenses 1:13 NBLH*

Jesús llama a la sus escogidos con la poderosa palabra "Iglesia", asamblea que gobierna con autoridad. A su iglesia le dio las llaves del Reino, de la palabra griega *kleis (Strong 2807),* que denota poder y autoridad de varios tipos. En una institución, en un edificio, en una universidad, únicamente quien tiene las llaves tiene el poder de abrir o cerrar. No todo el personal tiene llaves de todas las puertas.

Las llaves del Reino son muy importantes. Jesús reclama a los fariseos de su tiempo de haber quitado las llaves del conocimiento y de haber bloqueado a las personas para entrar al Reino de Dios:

¡Qué aflicción les espera a ustedes, expertos en la ley religiosa! Pues *le quitan a la gente la llave del conocimiento. Ustedes mismos no entran al reino e impiden que otros entren. Lucas 11:52 NTV*

Es una responsabilidad para la iglesia y para los que aman a Dios anunciar en verdad la realidad del Reino de los Cielos y ayudar a las personas a entrar a él. A Jesús le molestaba que los encargados de la palabra de Dios, los fariseos no entraban al reino de los cielos, ni tampoco dejaban entrar a los demás, y los llamaba hipócritas.

Jesús reafirmó muchas veces que el Reino de los Cielos debe ser una prioridad, y la justicia divina un objetivo primordial. Ante cualquier situación el camino a seguir es Jesús, y la mentalidad es buscar moverse dentro del plano del su Reino. La promesa es que buscando extender Reino de los Cielos todo será dado y no habrá porque preocuparse de los recursos. *Mas buscad primeramente el reino de Dios y su justicia, y todas estas cosas os serán añadidas. Mateo 6:33 RVR60*

## ❖ ¿Quién se opone al Reino de los Cielos?

Jesús habla de un adversario, el diablo, quien estorba para que la justicia llegue a las personas. Todo el reino de este mundo, es decir, el reino pecador aborrece y no entiende al Reino de los Cielos.

El enemigo busca robar toda bendición, matar y destruir vidas, familias, iglesias, esfuerzos, destinos. El enemigo se esconde y busca el punto ciego de cada persona, busca pasar desapercibido para que no sea reconocido.

Una vez detectado la persona puede vencerlo con mayor facilidad.

El enemigo estorba el conocimiento del Reino de los Cielos en la tierra porque tiene miedo de la autoridad que una sola persona puede llegar a tener. Y mayor aún la autoridad que toda la iglesia unida puede alcanzar.

Su voz llega a nuestro oído buscando torcer todo pensamiento, y sembrar maldad siempre que sea posible. El enemigo sabe que Dios mismo quien pelea por nosotros y Jesucristo ha puesto a nuestros enemigos bajo nuestros pies.

Por esto, Jesús varias veces nos advierte que debemos tener cuidado con nuestro adversario el diablo que solo viene para robar, matar y destruir. Pablo nos instruye acerca de toda la armadura que Dios nos ha dado para poder defendernos del maligno y vencerlo cada vez que nos ataque.

Lecturas relacionadas: Evangelios.

# LA LEY DE LA SIEMBRA
# Y LA COSECHA EN EL
# REINO DE LOS CIELOS.

Toda siembra es un acto lleno de intención. Cada semilla es sembrada con la intención de cosechar algo especial. Nadie que sea serio en su siembra, desea tener un campo lleno de semillas sorpresa para no saber lo que va a esperar en el futuro.

Todo sembrador desea cosechar exactamente lo que siembra, y para esto debe escoger correctamente la semilla. Toda semilla nos ha sido dada por Dios (Ver Génesis 1:29) tanto la semilla material como la semilla espiritual.

Es nuestra decisión y nuestra responsabilidad decidir que semilla sembrar, cuándo sembrar, donde sembrar y como sembrar. Para esto Dios nos ofrece Su sabiduría sin medida.

Nuestra vida es un campo sin sembrar, nuestro matrimonio, nuestros hijos. Cada día es un puñado de oportunidades para sembrar lo que deseamos cosechar el día de mañana. El no sembrar de manera intencional es decidir que de cualquier semilla que caiga comeremos mañana nosotros y nuestra familia.

El no decidir activamente e intencionalmente que sembrar, nos llenará de incertidumbre el día de mañana. Es necesario escoger semilla que sea importante para nosotros para el día de mañana disfrutar de una cosecha muy deseada.

## ❖ La semilla.

El mundo espiritual, como en lo natural, lo que se siembra, se cosecha. Una semilla sembrada en la tierra **nunca cambia de género, siempre se reproduce según su especie.** *En el reino de los cielos, esta misma ley espiritual se cumple.* En el Reino de los Cielos lo que se siembra es exactamente lo que se cosecha.

**Las semillas humanas son pueden ser palabras.** Toda palabra humana da un fruto. Palabras de bien dan buenos frutos, palabras de mal, dan frutos de maldición.

**Otras semillas humanas son acciones.** Algunas acciones pueden considerarse semillas. Quien siembra amor, eso recibe. Quien siembra amistad, cosecha amigos, quien siembra tiempo de calidad con sus hijos cosecha frutos de felicidad y paz en sus vidas. Quien siembra estudio, disciplina, ejercicio o una buena alimentación en su vida cosecha algunos buenos triunfos. Se puede sembrar lealtad, honestidad en el matrimonio, en el trabajo y todo esto puede dar un buen fruto. Aunque en ocasiones todo el esfuerzo humano mal sembrado puede causar que la semilla sea estéril y no de ningún fruto.

**La semilla divina es de mayor excelencia que toda semilla humana y siempre da buen fruto.** Sobre todas las cosas que un humano puede llegar a sembrar, la palabra de Dios es la semilla más excelente y duradera. La semilla de la palabra de Dios siempre da fruto, nunca es estéril, y nunca vuelve vacía, pues El mismo Dios vela porque su palabra se cumpla y la apresura para ponerla por obra.

El libro de Gálatas nos explica que una semilla sembrada, no cambia de género dentro de la tierra, sino que exactamente lo que siembras, eso cosechas. Si siembras una semilla de rosas, no cosechas un árbol de manzanas. Lo que siembras, exactamente eso cosechas.

Ejemplos bíblicos de la ley de la siembra y la cosecha hay varios:

- Siembra misericordia y recibirás misericordia. (ver Mateo 5:7, Mateo 18:33).
- Siembra bondad y recibes bondad. (ver salmo 18:25)
- Siembra integridad y recibes el mismo trato.
- Siembra generosidad y recibes prosperidad.
- Riega a un alma sedienta y serás también regado (ver proverbios 11:25).
- Siembra perdón y recibes perdón. (Mateo 6:14)
- El que siembra viento, recoge tempestad (Oseas 8:7)

**Cuando sembramos palabras humanas** de bien o de mal estamos sembrando semillas temporales y corruptibles.

**Cuando sembramos acciones humanas** de bien o de mal, estamos sembrando para cosechar cosas temporales y perecederas.

**Cuando sembramos palabras que Dios ha hablado**, estamos sembrando para cosechar fruto de justicia eterno e incorruptible.

## Dios nos dio semillas excelentes y de buena calidad.

<u>**La palabra de Dios es la semilla, la tierra somos nosotros**</u>: El reino de Dios es como un hombre que echa semilla en la tierra; La parábola es ésta: la semilla es la palabra de Dios. (Marcos 4:26; Lucas 8:11 LBLA).

La palabra de Dios siembre da un excelente y selecto fruto lleno de justicia. La semilla de la palabra de Dios nunca es estéril, nunca se pudre porque es incorruptible, siempre germina y busca crecer para dar un buen fruto. El estado del corazón es lo que puede llegar a detener temporalmente su crecimiento.

Dios nos dio semillas excelentes y de buena calidad. La palabra de Dios es la semilla, la tierra somos nosotros: El reino de Dios es como un hombre que echa semilla en la tierra; La parábola es ésta: la semilla es la palabra de Dios. (Marcos 4:26; Lucas 8:11 LBLA).

La palabra de Dios siembre da un excelente y selecto fruto. La semilla de la palabra de Dios nunca es estéril, nunca se pudre porque es incorruptible, siempre germina y busca crecer para dar un buen fruto. El estado del corazón es lo que puede llegar a detener temporalmente su crecimiento.

<u>**Cuando sembramos acciones divinas de justicia**</u> para hacer crecer el Reino de los Cielos estamos sembrando para cosechar fruto eterno de justicia y de bendición para muchas personas. Las acciones de justicia son aquellas que obedecen las instrucciones dadas por el Espíritu Santo a cada persona. Tras la obediencia siempre hay bendición. Todo milagro es

el resultado de un acto de obediencia a una indicación del Espíritu Santo quien es el mejor maestro de acciones de Justicia.

Las acciones de justicia son para hacer crecer el Reino de los Cielos desde dentro de nosotros hacia afuera.

Las instrucciones del Espíritu Santo a veces pueden parecer locura, pero Él sabe lo que hace. La meta es aprender a obedecer en lo poco (por ejemplo la hora de levantarse, que comer, hacer ejercicio, estudiar algo, decidir a donde ir y cuando ir, cuando callar y cuando hablar, ayudar a alguien, dar, etc.), para saber obedecer en lo mucho (un milagro creativo, una explosión del Espíritu en algún lugar, etc.).

Nuestro mejor modelo de obediencia al Espíritu Santo es Jesucristo, pues El no hizo nada que no le mandara el Espíritu Santo, y habló únicamente lo que El Espíritu Santo le dijo que hablase.

De esta manera sembrar acciones de Justicia bajo la indicación precisa del Espíritu Santo nos dará muy deseables frutos de Justicia. Lo que se sembremos eso mismo cosecharemos. (*Ver Gálatas 6:7*)

## ❖ La tierra del corazón.

### *Parábola del sembrador (Mr. 4.1-9; Lc. 8.4-8; Mt 13:1-9 RVR1960)*

Aquel día salió Jesús de la casa y se sentó junto al mar. Y se le juntó mucha gente; y entrando él en la barca, se sentó, y toda la gente estaba en la playa. Y les habló muchas cosas por parábolas, diciendo: He aquí, el sembrador salió a sembrar. Y mientras sembraba, parte de la semilla cayó junto al camino; y vinieron las aves y la comieron. Parte cayó en pedregales, donde no había mucha tierra; y brotó pronto, porque no tenía profundidad de tierra; pero salido el sol, se quemó; y porque no tenía raíz, se secó. Y parte cayó entre espinos; y los espinos crecieron, y la ahogaron. Pero parte cayó en buena tierra, y dio fruto, cuál a ciento, cuál a sesenta, y cuál a treinta por uno. El que tiene oídos para oír, oiga.

En la parábola del sembrador Jesús nos explica todos los estados de la tierra del corazón.

1) **Un corazón nuevo a la palabra que por lo tanto todavía no entiende el mensaje del Reino de los Cielos**, si no busca ayuda para entender, entonces es robado por el enemigo, quien no permite que crezca la semilla de la palabra de Dios. Este corazón es una semilla que cae junto al camino. Toda la humanidad una vez tuvo un corazón nuevo, todos alguna vez no entendíamos el mensaje del reino, los mismos apóstoles no entendían las parábolas y Jesús se las tenía que explicar. Es posible que todo nuevo creyente atraviese por este proceso.

2) **Un corazón que ya comienza a comprender la palabra de Dios pero todavía su carácter no está maduro**. Este corazón todavía no está sanado de las amarguras del pasado, y aún es de piedra por esto la palabra no puede echar raíz, y el efecto de la palabra es de corta duración. A este corazón todavía le falta sabiduría, misericordia, renovar su mente.

Nos gozábamos de escuchar palabra, teníamos una gran hambre de escuchar, buscábamos aprender, nos congregábamos alegremente, pero ante cualquier problema o tropiezo, no sabíamos que hacer. No encontrábamos una solución ni tampoco una salida conforme a la palabra de Dios. Ante una dificultad nuestra mente se quedaba en blanco como si todo lo que hubiésemos escuchado no se aplicara a la vida personal; y de pronto las soluciones del mundo como el enojo, la venganza, la ira podían solucionar mejor lo que en ese momento nos dañaba. Todos los creyentes alguna vez estuvimos en esta etapa.

3) **Un corazón preocupado por encajar en el prestigio del mundo**, en el éxito según el mundo, en las riquezas del mundo es un corazón lleno de espinos que ahogan la palabra de Dios, pues no se puede servir y amar a dos señores. Si el amor al mundo o al dinero es más fuerte, los pensamientos se inclinan continuamente a servir a quien se ama realmente, de manera que la meditación en la palabra de Dios se ahoga y se pierde. Para que fructifique la palabra, Jesucristo tiene que ser el primer amor, y de esta manera la semilla de su palabra crecería. No todos los corazones pasan por esta etapa de la misma manera. Pero por lo general cuando se conoce a Dios y se decide seguirlo, todos tenemos algo que estorba y a lo que debemos renunciar. Si tal vez no es amor al dinero, si puede ser el apego a una falta de perdón, a la autocompasión o al orgullo.

4) **Un corazón humilde y contrito; La buena tierra**. Esta etapa es la meta de todos los creyentes. Pues es un corazón que no solo oye, sino que también entiende,

y por fin da un excelente fruto. Muchas personas se pueden alimentar del buen fruto que surge del corazón de una "buena tierra". Este corazón produce ganancia para el Reino de los Cielos al ciento, al sesenta y al treinta por uno. La semilla de la palabra de Dios siempre da un buen fruto.

La palabra de Dios siempre triunfa sobre todas anteriores etapas del corazón hasta a convertir al corazón enfermo y herido en un corazón humilde.

En el corazón humilde la palabra de Dios ya entró a cortar como una espada de doble filo, ya penetro hasta dividir y separar el alma, las emociones y el pensamiento carnal del espíritu. La palabra de Dios ya enfrentó a la persona con las intenciones de su corazón y ahora este corazón por fin tiene discernimiento. El sembrador Jesucristo no se cansa de sembrar en nosotros una buena semilla, el Espíritu Santo no se cansa de trabajar en nuestro corazón para cambiar la dureza en buena tierra. Dios no se va a rendir nunca de buscarnos.

**Cada semilla divina (palabra de Dios) es incorruptible y siempre da una buena cosecha**.

La buena semilla se convierte en un árbol grande que da un fruto eterno que permanece y nos provee de cualquier cosa que necesitemos para vivir.

Es por esta razón que Jesús le contesta al enemigo: "no solo de pan vive el hombre", dándonos a entender que las palabras que salen de la boca de Dios son las semillas de las cuales podemos cosechar cualquier cosa que necesitemos: alimento físico, alimento espiritual, provisión, protección, familia, bondades, misericordias, favores, salud, sabiduría, gozo, belleza, un lugar donde habitar, prosperidad, alegría, orientación, crecimiento, consuela, poder, ayuda en todo, hijos y nietos sabios, educados, prósperos, felices, etc.

La palabra de Dios es alimento para nuestro cuerpo, nuestra alma, nuestro espíritu y toda situación de nuestra vida. Jeremías literalmente escribe que él comía las palabras que Dios le presentaba: Cuando se presentaban tus palabras, yo las comía; tus palabras eran para mí el gozo y la alegría de mi corazón...Ver Jeremías 15:16 LBLA.

Por esto si sembramos en nuestra vida palabra de Dios, y entonces cosecharemos las bondades y misericordias prometidas por Él. La pregunta hoy es: ¿Qué necesito cosechar? Para que sepas que semilla sembrar, primero debemos estar seguro que necesitamos realmente. ¿Necesitamos salud? Entonces sembramos semillas divinas y físicas de sanidad para posteriormente cosechar el resultado. ¿Necesitamos provisión o una casa? Siembra palabra de Dios de provisión y cosecha el resultado. Las posibilidades son infinitas.

Toda palabra que sale de la boca de Dios es suficientes para cubrir cada necesidad que se pueda presentar en la vida de un ser humano. Ante cualquier urgencia o circunstancia, la palabra de Dios es muy eficaz, y siempre funciona.En estos casos, inmediatamente debemos de hablar las palabras que Dios ha hablado específicamente para poder resolver ese problema, y así poder recibir solución y provisión del Reino de los Cielos. Jesús nos enseña a mover montañas con el poder de la palabra.

## ❖ Sembrando la semilla.

**Todo lo que respira opera en el principio de la siembra de semilla**. Cada ser humano, cada ser viviente, toda planta, todo árbol, cada fruta y verdura es resultado del proceso de siembra de una semilla.

Cada semilla tiene toda la información genética dentro de sí para reproducirse. Jesús habla de la pequeñísima semilla de mostaza que contiene dentro de sí la potencia de un árbol gigante.

**Jesucristo vino a la tierra a sembrar el carácter y el poder de Dios en los hombres**, por esto sembró sus palabras en el corazón de la humanidad. Jesucristo, la palabra de Dios hecha carne es la semilla divina espiritual incorruptible que reproduce en nosotros todo el poder, toda la fuerza, toda la unción, toda la sabiduría, toda la abundancia, toda la prosperidad, toda la alegría, toda la felicidad de Dios mismo en nosotros.

**Toda semilla sembrada en lo natural es una profecía de Jesucristo.** Toda semilla es sembrada dentro de la tierra y en unos días se observa el germen de una nueva planta, la cual con el tiempo va a producir una incontable cantidad de nuevas semillas. En lo natural, un grano de trigo (o cualquier semilla) muere y es sembrado en lo profundo de la tierra, y la planta nueva produce miles de granos de la misma especie, cada grano con la capacidad de ser una nueva planta llena de semillas.

**Jesucristo es el grano de trigo que murió a su carne y fue sembrado por Dios en el corazón de la tierra.** Pasados tres días, el Espíritu Santo lo hizo resucitar germinando en una nueva planta que ahora produce millones de creyentes de Su misma naturaleza. **Esos nuevos granos de trigo que contienen dentro todo el potencial de Jesucristo somos todos los nuevos creyentes**.

Toda semilla sembrada nos recuerda a Él, y se centra en Jesucristo. Toda la razón de la siembra y la cosecha es Él. Todo es por Él y para Él. Amén. Cuando morimos a nuestra carne damos cosecha espiritual para el reino de los Cielos.

Algún día, nuestros cuerpos mortales corruptibles morirán y serán sembrados dentro de la tierra, y un cuerpo incorruptible e inmortal será cosechado para vida eterna.

## ❖ Dormirse durante la siembra.

*El que al viento observa, no sembrará; y el que mira a las nubes, no segará. Eclesiastés 11:4.*

La biblia nos dice que es posible dormirse durante la siembra. En Mateo 13:24-25, Jesús nos explica cómo: *"El reino de los cielos puede compararse a un hombre que sembró buena semilla en su campo PERO MIENTRAS LOS HOMBRES DORMÍAN, vino su enemigo y sembró cizaña entre el trigo y se fue"*.

Este versículo tiene cuatro componentes importantes:

1. Un hombre había sembrado buena semilla en su campo.
2. Los hombres dormían.
3. Vino su enemigo.
4. Sembró cizaña entre el trigo y se fue.

**Un hombre sembró buena semilla en su campo**: Esta parábola nos enseña que es responsabilidad de cada hombre decidir la semilla que siembra en su vida, su familia, su trabajo, su corazón. Un padre de familia es responsable de la semilla que siembra en el corazón de sus hijos, una persona adulta es responsable de la semilla que siembra en su corazón y su vida.

Un empresario o un líder son responsables del tipo y la calidad de semilla que siembra en su campo, pues según lo que requiera cosechar, será la semilla que sembrará.

**Pero mientras los hombres dormían:** Jesús enfatiza a los hombres dormidos durante la siembra. Esto habla de que un padre de familia puede no estar alerta acerca de la semilla que es sembrada por el enemigo en sus hijos; al igual que un empresario o un líder puede dormirse y no vigilar lo que se siembra en su campo, o bien un adulto puede dormirse y no darse cuenta del momento en que una mala semilla es sembrada en su corazón.

## Actitud de un dormido:

Lo natural es reflejo de lo espiritual, así que de esta manera podemos hablar de una persona dormida espiritualmente:

- Una persona dormida mantiene los ojos cerrados, y esto la mantiene cegada a lo que ocurre alrededor.
- Una persona con los ojos cerrados es imposible que esté alerta a los peligros que la amenazan.
- Una persona con sueño apaga la luz para estar más cómodamente dormida, así que el sueño espiritual

incluye estar rodearse de tinieblas y sentirse cómodo en ellas.

- Una persona dormida no distingue un ataque del enemigo porque no puede ver ni tampoco está consciente de lo que le rodea.

- Una persona dormida tiene oídos pero no puede escuchar y hacer consciencia de las voces a su alrededor, y no puede escuchar ni responder a un llamado.

- Una persona dormida puede ser robada sin darse cuenta.

- Una persona dormida no tiene idea del tiempo.

- Los sueños en la mente de una persona dormida suelen ser absurdos, locuras, imágenes sin sentido y fuera de todo juicio sano.

- Un dormido está tirado en la cama o en el suelo, imposible que se mantenga de pie y en buena postura.

- Un dormido se ha despojado de su ropa y esta vestido de pijama o vestimenta inapropiada para salir, trabajar o estar listo para lo que se ofrezca.

- Una persona dormida se encuentra en un estado de estupor.

- Un soldado dormido se ha despojado de su armadura y si el enemigo ataca es imposible que esté listo.

## Vino su enemigo

Sabemos que el enemigo de los hombres es el demonio, y está muy atento buscando a un dormido que pueda devorar y robar.

Jesús nos ha mandado a ser como un padre de familia que sabe que está siendo acechado por un ladrón. Y nos dice "si el padre de familia supiera a qué hora el ladrón viene a robar, estaría alerta para evitar que su casa sea robada".

El enemigo entra a la vida de una persona dormida y siembra maldad, robando paz, provisión, alegría, etc y huye para que no se discierna su presencia.

Estas palabras de Jesús nos muestran que es responsabilidad del hombre mantenerse alerta y cuidar absolutamente todo lo que es sembrado en su campo. *(Ver proverbios 4:23)*

Estamos llamados a ser vigilantes y guardias de la puerta del corazón, para que cualquier mala semilla sea arrancada por Dios de raíz y no de ningún fruto en medio de la palabra de Dios que ha sido sembrada en nuestro corazón.

Es el ser humano el que tiene la llave de la puerta del corazón, incluso Jesús toca la puerta educadamente llamando nuestro nombre para pedir nuestro permiso para entrar y el hombre decide si le da entrada o no.

El enemigo nunca va a tocar la puerta, sino que se va a infiltrar buscando que nadie note su presencia, como cualquier ladrón.

El enemigo puede entrar escurridizamente cuando un humano:

- Abra la puerta a la maldad por deseo propio.
- La puerta de los ojos, de los oídos o de la boca dejen entrar de manera consciente o inconscientemente imágenes, influencias o palabras que no edifiquen sino que destruyan.

- Abra la puerta hablando palabras de muerte y no de vida.

- Descuidando lo que guardamos en la bolsa del corazón.

- Dejando de escuchar las alertas que nos da el Espíritu Santo.

- Olvidar alimentar frecuentemente a nuestro espíritu con la palabra de Dios, debilitando de esta manera nuestro ser espiritual y dejando que la carne sea quien tome el control de las decisiones.

- Juzgando a quienes nos rodean.

- Cuando dejamos a un lado la intimidad con Dios en oración.

- El humano llamado a ser un guerrero se despoje de su armadura espiritual y se encuentre susceptible a un ataque del enemigo.

- Cuando apagamos en nuestro corazón la lámpara de la palabra. Esto nos afecta pues nos rodeamos de tinieblas y nuestro espíritu puede quedarse dormido, contrario a lo que Jesús nos recomienda en la parábola de las diez vírgenes; donde nos impulsa a mantenernos alerta con nuestra lámpara encendida.

- El guardar odio, rencor, resentimiento, amargura, falta de perdón y mala voluntad en contra de una persona, es dormirse y abrir la puerta al enemigo para seguir sembrando mala semilla en el corazón.

## Sembró cizaña y se fue.

La palabra griega *"zizanion"* se refiere a la planta "Lolium temulentum". Cuando esta planta se observa a lo lejos, su forma es idéntica a la del trigo, incluso puede crecer hasta 1 metro de altura. Por esto también se le conoce como "falso trigo". Pero su grano es color negro, y frecuentemente es parasitada por un hongo tóxico para el humano; así que el grano de la cizaña es venenoso para el hombre. Por esto es muy peligroso mezclar los granos de trigo con los granos de cizaña para hacer harinas, pues esto resultaría en un alimento tóxico y dañino para el consumo humano. *(https://es.wikipedia.org/wiki/Lolium_temulentum noviembre 2015)*

La mala semilla que el enemigo siembra en el corazón da un fruto tóxico: los malos pensamientos, los homicidios, adulterios, fornicaciones, robos, falsos testimonios, calumnias, toda mala intención del corazón, discordias, odios, enojo, incredulidad.

(Ver Génesis 6:5; 8:21; Salmo 53:1; Mateo 15:19; Marcos 7:21)

Nuestro corazón, nuestra mente, nuestra vida, nuestra familia son un campo. Nosotros decidimos que semilla sembrar y que semilla rechazar, y debemos estar alerta para cuidar el campo de nuestro corazón y del de nuestra familia, pues sobre toda cosa guardada, pues el corazón es lo más importante porque de él mana la vida.

La enseñanza de Jesús nos describe a un hombre con un campo recién sembrado con muy buena semilla; pero debido a que nadie se mantuvo alerta vigilando ese campo, el enemigo del hombre llegó como un ladrón, buscando no ser discernida su presencia y sembró toda la maldad que pudo, para fugarse como un cobarde.

## Por sus frutos los conoceréis.

Todo lo que hayamos sembrado en nuestro campo (trabajo, familia, o bien el corazón) es lo mismo que cosecharemos. Una cuidadosa observación de lo que estamos cosechando nos revelará exactamente cualquier cosa que hayamos sembrado, pues todo comenzó con una semilla.

## ❖ Esperando el crecimiento.

*"Ni el que siembra, ni el que riega es algo, sino Dios quien da el crecimiento". 1 Corintos 3:7 RVR1960*

La espera es un tiempo de reposo en fe. Un tiempo en el cual hemos trabajado mucho, hemos dado casi todas nuestras semillas, y nuestros ojos no ven resultado.

Dios tiene un rol dador en el proceso siembra-cosecha, pero el humano también tiene responsabilidades para que la siembra y la cosecha sea un éxito.

**La responsabilidad del hombre es**:

1. Decidir que semilla sembrar.
2. Sembrar la semilla.
3. Cuidar la semilla de ataques del enemigo.
4. Regar la semilla.
5. Esperar pacientemente y por fe el crecimiento y la multiplicación de la semilla sembrada.
6. Cosechar el fruto.

**La responsabilidad de Dios es:**

1. Dar la semilla al hombre.
2. Dar el agua de la lluvia y de los ríos para regar la semilla.
3. Dar el crecimiento y la multiplicación de la semilla.
4. Dar instrucciones para la cosecha.

## El crecimiento lo da Dios

*²⁶ Jesús también dijo: «El reino de Dios es como un agricultor que esparce semilla en la tierra. ²⁷ Día y noche, sea que él esté dormido o despierto, la semilla brota y crece, pero él no entiende cómo sucede. ²⁸ La tierra produce las cosechas por sí sola. Primero aparece una hoja, luego se forma la espiga y finalmente el grano madura.²⁹ Tan pronto como el grano está listo, el agricultor lo corta con la hoz porque ha llegado el tiempo de la cosecha». Marcos 4:26 NTV*

Las palabras y algunas acciones tienen un efecto espiritual inmediato pero el resultado físico, palpable y que nuestros ojos pueden ver es un proceso que toma tiempo.

El crecimiento lo da Dios, y no depende de nosotros. Aunque vigilemos o durmamos durante la siembra, Dios hace que la tierra haga brotar la semilla.El hombre no entiende cómo ocurre el crecimiento. Este es un tiempo de descanso en Dios, pues Él hace la obra.

Es un tiempo de esperar el momento del crecimiento. En lo natural cada semilla tiene un momento de germinar. No todas las semillas crecen al mismo tiempo. Cada semilla tiene un tiempo establecido por Dios para crecer. Existen plantas, árboles y arbustos de rápido crecimiento, y también de lento crecimiento.

Este momento el hombre cuida su campo y espera por fe el crecimiento y la multiplicación de la semilla.

## ❖ Multiplicación de la semilla

Las matemáticas del Reino de los Cielos nada tienen que ver con las matemáticas del mundo.

La matemática en el Reino de los Cielos se puede entender mejor con la ley de la siembra y la cosecha.

En lo natural una semilla sembrada no da una planta que produce una sola semilla, sino que produce muchos frutos, cada uno con varias semillas dentro.

Por ejemplo; quien siembra UN GRANO de trigo, sabe que va a recibir en una buena cosecha hasta <u>50 granos de trigo por espiga</u> o un gramo de granos.

La cantidad de granos por cosecha depende de: el agua, el sol, el nitrógeno, el potasio y todos los nutrientes de la tierra.

**Cosechando el 30%**: Por ejemplo una buena semilla en una mala tierra, y con poca lluvia ese año, sólo produce un 30% de ganancia de granos.

**Cosechando el 60%:** Una buena semilla en una tierra de calidad media, y con buena cantidad de lluvia puede producir un 60% de ganancia de granos.

O bien, una tierra de buena calidad pero con muy poca lluvia, no permite obtener el 100% de ganancia en cantidad de granos.

**Cosechando el 100%:** Si se juntan los tres elementos: Una buena semilla, en tierra fértil, y con lluvia abundante y a su tiempo, puede llegar a producir el 100% de ganancia. En una buena cosecha si se siembran 200 semillas viables por metro cuadrado va a producir 400 espigas por metro cuadrado. Cada espiga va a tener dentro entre 45 y 50 granos de trigo viables aproximadamente. Esto daría un total de 20,000 granos de ganancia por metro cuadrado.

## ❖ Protegiendo la semilla

El crecimiento de una semilla y su multiplicación en lo natural pueden verse afectadas por varios factores: Profundidad de la siembra, calidad de la tierra, agua, sol, pestes y nutrientes pueden alterar o detener el crecimiento de una planta y sus frutos.

### Calidad de la tierra:

Como ya vimos anteriormente la tierra del corazón tiene varias etapas al recibir la semilla de la palabra de Dios y todas dan un comportamiento distinto a la semilla sembrada. (Ver subtítulo "la tierra del corazón"). Una buena tierra ayuda a que cada planta absorba bien los nutrientes, incorpore bien el agua y la luz solar, y a combatir malezas y enfermedades.

A una buena tierra, Jesús el sembrador le ha quitado de raíz todo tipo de maleza

## Una siembra descuidada:

Como vimos en el subtítulo anterior acerca de dormir durante la siembra. O también si nos tardamos en sembrar una buena tierra, la maleza puede tomar ventaja sobre la buena semilla

## La semilla se coloca a una profundidad inadecuada.

La profundidad correcta ayuda a que la semilla absorba el agua, esté protegida de la desecación causada por el sol, previene que los pájaros se coman las semillas sembradas, y tenga la suficiente reserve de alimentos.

En lo espiritual: En la biblia Dios dirige estas palabras a pueblos que dependen casi por completo de la cosecha, que era la base de la economía de una familia y de la alimentación de los pueblos.

## ❖ El diezmo.

### Protegiendo el crecimiento de la semilla:

La tierra estaba en maldición cuando Adán comenzó a sembrarla. Las cosechas que obtenía eran pobres, y con una alta tasa de pestes y cosechas fallidas.

Con el paso del tiempo, Dios fue revelando su bendición y cómo mantenerse dentro de ella: *"El Señor tu Dios te cambió la maldición en bendición, porque el Señor tu Dios te ama"* *Deuteronomio 23:5. LBLA*

Una vez preparada la tierra del corazón, habiendo escogido la buena semilla de la palabra, y sembrando bajo obediencia a Dios sin asustarse por el viento de las circunstancias, bíblicamente Dios promete cuidar del crecimiento y multiplicación de la semilla.

Es Dios quien hace crecer en sabiduría, en estatura y en gracia, a los ojos de Dios y delante de los hombres. Es confiando plenamente en Dios y rechazando todo temor que el vallado de protección alrededor de la semilla está completo.

## Regando la semilla

Dios nos ha dado su palabra, el agua viva que riega la semilla. Su palabra ha sido enviada, Jesucristo la palabra hecha carne ha descendido del cielo, como desciende la lluvia desde la nube.

La palabra hecha carne ha regado los corazones con su Espíritu, y no volverá a Dios vacía, sino que cumplirá el propósito por el cual fue enviado.

Es posible que podamos sembrar en medio de cualquier sequía, porque si la raíz de la planta está a orillas del río, su hoja no caerá bajo la sequedad del medio ambiente. El salmo uno nos enseña que un árbol puede estar regado desde su raíz (con el agua de la palabra alimentando el corazón) aunque las circunstancias que lo rodeen sean completamente secas.

## La protección que da el Diezmo

**El crecimiento de la semilla y el agua para poder regarla es un regalo que únicamente Dios nos puede obsequiar.**

Cuando un sembrador guarda el 10% de la semilla para devolverla a Dios, entonces está asegurándose el crecimiento de la semilla y el abastecimiento abundante de agua para poder regar sus campos sembrados.

El diezmo no es semilla para sembrar, el diezmo únicamente es devolver a Dios lo que es Suyo. **El Diezmo es lo más efectivo para proteger tu semilla sembrada.** Dios promete en Malaquías 3:10 que si llevamos la décima parte de las semillas que Dios nos ha dado para los fondos del templo, entonces:

**Habrá lluvia abundante de bendición**: La lluvia en lo natural es un elemento básico para el crecimiento de la semilla. En lo espiritual este versículo dice que abrirá las compuertas del cielo para derramar bendición sobre nosotros.

Las compuertas del cielo, es el mismo término utilizado para describir el día que Dios inundó la tierra con agua en Génesis 7:11 en los días de Noé. Este capítulo describe que al abrir las compuertas del cielo ocurrió un diluvio, y no paró de caer agua durante 40 días y 40 noches, y las aguas crecieron sobre la tierra hasta que todos los altos montes de la tierra fueron cubiertos, y el nivel del agua alcanzó casi siete metros sobre los montes más altos de la tierra. Si hablamos de bendición, con el diezmo Dios abre las compuertas del cielo (arubbah) y cae sobre nosotros lluvia de bendición durante 40 días y 40 noches hasta que todo monte a nuestro alrededor ha sido cubierto a un nivel 7 metros mayor a ellos.

**Muerte de plagas que devoren la cosecha**: En la antigüedad una plaga era fatal para la cosecha, y para la vida de las personas, pues sin cosecha no habría alimentos para el siguiente año. En aquel tiempo sólo Dios podía librarlos de estas plagas, y cuando Dios les dio esta promesa a las personas, ellas entendían muy bien de lo que se trataba.

Los hombres no sabían cuando llegaría una plaga y no podían predecirlo, pues muchas plagas viajan por miles desde lejos devorando todo campo y toda cosecha que tengan frente a ellos.

El día de hoy es un poco distinto, pues no todos sembramos granos de alimento, pero esto se puede traducir a finanzas, amistad, sabiduría, amor, trabajo, familia, hijos.

En cualquier campo que pongas tu esfuerzo sembrando puede venir un ladrón a robar éxitos y victoria. El diezmo es una protección garantizada ante ataques y peligros imprevistos y no deseados.

**Tierra de delicias:** El diezmo prepara nuestra tierra y la mantiene bien nutrida y en óptimo estado todo el tiempo. Con el diezmo Dios nos promete ser una tierra de delicias a los ojos de todo el mundo. Todas las naciones reconocerán que eres bendecido y bienaventurado.

**Mal clima**: En lo natural una helada, una tormenta, una inundación o una sequía impide el crecimiento de las plantas. El diezmo protege que cambios bruscos del clima o de las circunstancias puedan robar al diezmador. El diezmo es la mejor póliza de seguro ante cualquier circunstancia adversa que intente robar a un humano.

## ❖ Protegiendo la multiplicación de la semilla sembrada.

**Dios es fiel**. Toda persona aunque no diezme, aunque no conozca de Dios y no esté dentro del Reino de los Cielos recibe provisión de Dios, pues Él hace salir Su sol sobre buenos y malos. Todos recibimos provisión de parte de Dios, aun los que no lo conocen son alimentados y provistos de lo que necesitan, y a esta provisión la llamamos semilla.

**El hombre decide que hace con su semilla**. Todo hombre recibe semillas por parte de Dios, ya sea dinero, alimento, bienes, ropa, etc. Cada quien decide si se come toda su semilla o prefiere sembrar una parte para obtener más semillas.

**La multiplicación de la semilla**, como vimos anteriormente, es una combinación de una buena semilla, tierra fértil y con amplia cantidad de nutrientes, suficiente luz, buena cantidad de agua, y cuidados. Esta combinación puede predecir la cantidad de grano que vamos a cosechar.

**El diezmo es la protección** de la siembra, y **las ofrendas es la siembra** en sí.

**Quien diezma está protegiendo y bendiciendo de antemano su semilla** para ser sembrada, está causando que la tierra se convierta en fértil, quita la maldición de los espinos y cardos causada por Adán, se asegura de que las plagas no llegarán a su campo sembrado.

**Las ofrendas son las semillas realmente sembradas en tu campo**. Todos tenemos un campo para sembrar. La familia es un campo sin sembrar, el matrimonio es un campo sin sembrar, al igual que los hijos, las amistades, la iglesia, el estudio, el trabajo y cada día, hora y momento de nuestra vida son un campo sin sembrar. Si tú no siembras tu campo, nadie lo hará por ti.

**Todos estamos sembrando algo siempre en todo momento.** Sembramos amor, afecto, misericordia, generosidad, trabajo, estudio, amistad, ayuda, ejercicio, respeto, dinero, oración, intercesión, compañía, tiempo de calidad, etc.

**Sembramos en varios lugares además de la iglesia.** La tierra puede ser nuestro matrimonio, nuestros hijos, nuestra casa, la iglesia, amigos, hermanos, familia, salud, finanzas, escuela, etc.

**Toda esta siembra es protegida por el diezmo.** En la vida natural habrá mal clima, tormentas, sequías, heladas, plagas, y maldades amenazando constantemente nuestras cosechas.

En El Reino de los Cielos somos árboles plantados a orillas de un río, y Dios en su misericordia protege cada cosecha aunque sus cuidados pasen inadvertidos a nuestros ojos. Su protección siempre nos ayuda a seguir cosechando la provisión de lo que necesitamos cada día de nuestras vidas, pues aunque no diezme una persona, de alguna u otra manera sale adelante.

## ❖ La cosecha.

¡Abran los ojos y miren los campos **sembrados! Ya la cosecha está madura.** *Juan 4:35 NVI*

En lo natural todo sembrador espera con alegría el día de la cosecha pues es un momento de mucho trabajo, pero también de gozo, de baile, de fiesta.

Alrededor del mundo en épocas de cosecha se han desarrollado muchas fiestas tradicionales. Una gran cosecha siempre es el orgullo, el descanso y la alegría de una población.

Todos están listos para recibir la cosecha. Son días de mucho trabajo pero también de mucha alegría. Los graneros han sido limpiados, y se ha preparado un lugar y un gran espacio para guardar los nuevos frutos.

El arduo trabajo de un sembrador se ve recompensado en la alegría de la cosecha. Durante la cosecha, una sensación de satisfacción y reposo llena el ambiente. Finalmente a los ojos de todos los frutos de tanto esfuerzo son visibles.

El campo sembrado ha cambiado cada día ante los ojos de todos. Primero lo que era un terregal seco, estéril y polvoso fue transformado en tierra blanda, buena y húmeda para recibir la semilla. Días después comenzaron a verse los germinados en los campos hasta que un día todos los tallos estaban altos y el color verde opacó por completo la tierra. Una mañana todos los tallos amanecieron con esbozos de fruto, hasta que con el paso de los días el fruto ya estaba listo para ser cosechado.

La sabiduría de Dios es básica para poder cosechar un campo sembrado. El que siega, debe conocer el fruto bueno y separarlo de cualquier fruto falso o cizaña que se haya sembrado.

Como habíamos comentado anteriormente la cizaña produce un fruto muy similar al trigo, pero sus granos son negros y tóxicos al hombre.

Si por error se incluye harina de granos de cizaña mezclada con fruto del trigo sano, el alimento será tóxico para el humano.

De esta manera el que cosecha debe inspeccionar cada fruto y ser sabio para separar el trigo de la cizaña, y de esta manera evitar daños en las personas que comen el alimento.

Trasladado a lo espiritual podemos ver que los frutos de las obras de la carne (cizaña) son muy distintas al fruto del espíritu:

La cosecha de los frutos de la carne son: "cizaña" inmoralidad sexual, impureza, libertinaje, idolatría, brujería, hostilidad, odios, celos, discordias, arrebatos de furia, rivalidades, divisiones, sectarismos, envidias, homicidios, borracheras, orgías y otras cosas según Ver Gálatas 5:19-21.

La cosecha de los frutos del espíritu son: amor, gozo y alegría, paz, paciencia, bondad y gentileza, amabilidad, fe, humildad, templanza y dominio propio, según Ver Gálatas 5:22-23.

Quien busca cosecha espiritual, el Espíritu Santo lo va entrenando para convertirlo en un experto en la capacidad de discernir y desechar el fruto de la carne, y en seleccionar el fruto del espíritu para sí mismo.

## Cada fruto se cosecha a su tiempo perfecto.

*"No nos cansemos, pues, de hacer bien; porque a su tiempo segaremos, si no desmayamos" Gálatas 6:9. RVR1960*

Un trabajador del campo sabe muy bien que cada fruto tiene su tiempo de ser cosechado según la estación del año. Por ejemplo la cosecha de la cebada es en tiempos de la Pascua, la cosecha del trigo se asocia a tiempos de Pentecostés, la cosecha de la uva ocurre en tiempos de la festividad de los Tabernáculos.

En lo natural ningún sembrador abandona su campo porque al día siguiente de sembrar la semilla no ve ningún fruto. Todo granjero sabe que según la semilla que sembró, será el tiempo de segar. Hay cosechas que son en otoño, otras en invierno, hay frutos que tardan en estar listos por ser de lento crecimiento, hay otros muy rápidos para ser cosechados. Y **esto no debe ser causa de desesperación ni razón para rendirse**. Es simplemente un tiempo de espera.

Los frutos tienen un momento exacto de madurez para ser cosechados Los datos de madurez en un fruto son varios: el tamaño, el color, la forma de las hojas, el grosor de la piel, la forma de las semillas, el olor etc.

Lo ideal es separar al fruto de la planta madre en el momento exacto. Algunos frutos son capaces de madurar después que han sido cortados, otros tienen que alcanzar la madurez sin ser cortados.

El momento exacto para saber cuándo cosechar es determinado por un experto quien decide cuando el fruto está listo, pues nadie quiere cosechar frutos muy inmaduros, ni tampoco con una sobre madurez que vaya a causar cambios no deseados en el fruto.

La cosecha espiritual también tiene un momento de madurez para ser cosechada.

El experto en reconocer los cambios del fruto y de indicar el día, la hora y la manera de cosechar es el Espíritu Santo.

Por ejemplo, en lo natural lo ideal es cosechar en el mejor momento de madurez del fruto, a tempranas horas de la mañana, y cuidando de no lastimar el fruto cosechado.

El manipular la cosecha de forma ruda, golpeando el fruto puede causar lesiones en la piel del fruto, por ejemplo en las peras, que son de piel muy fina y delicada, lo que la convierte en un fruto especialmente susceptible a rupturas y golpes que le pueden ocasionar un foco de podredumbre precoz.

Algunos frutos como las fresas no toleran estar a altas temperaturas bajo el sol, deben ser protegidos del calor y de preferencia refrigerados desde que son cosechados.

De la misma manera, a través de lo natural, Dios nos enseña que necesitamos de su sabiduría para conocer el momento exacto de la cosecha, el lugar y el modo en que debemos operar para lograr la mejor cosecha posible. ***Dios nos invita a seguir trabajando en el campo sembrado sin cansarnos, pues a su tiempo perfecto cosecharemos si no nos rendimos.***

## DORMIRSE EN TIEMPOS DE COSECHA.

*El que al viento observa, no sembrará; y el que mira a las nubes, no segará. Eclesiastés 11:4. RVR1960*

**Como vimos anteriormente, el agricultor que espera el clima y la circunstancia perfecta, nunca sembrará.** En el mundo, el clima espiritual nunca será perfecto para sembrar, pero mientras más difíciles se vean las circunstancias y más negra la nube que se acerca, más urgente es sembrar, para tener provisión para lo que se llegue a ofrecer.

**En Eclesiastés se hace énfasis al humano observando el cielo, pues en la antigüedad era así.** En la edad de piedra, los hombres se iniciaron en la agricultura y el pastoreo. Desde este tiempo comprendieron la relación entre el calendario y la efectividad de las técnicas de siembra y cosecha.

La cosecha se vinculó fuertemente a los cambios celestes que ocurren durante las épocas de primavera/verano y al comportamiento de las estrellas durante septiembre a noviembre.

**La agricultura astrológica se basa en las señales del cielo para plantar, cultivar y cosechar.** Según las fases de la luna y las señales astrológicas las personas crearon ciclos lunares desde la antigua agricultura del Río Nilo y Éufrates, sembraban y cosechaban según las fases de la luna y los signos en el zodiaco. Esta agricultura no ha sido desaprobada ni tampoco estudiada por la ciencia moderna y se le considera una manera de "sembrar según las señales del cielo".

Hace varios milenios, el famoso **calendario de Hesíodo** para la cosecha de cereales se basaba en el comportamiento de las Pléyades, identificando estrellas visibles a simple vista en el cielo nocturno como Espica, Orión, etc.

En todas las culturas antiguas las pléyades tienen un prominente lugar en la mitología antigua, así como una diversidad de tradiciones y significados.

Las estrellas eran mencionadas para la cosecha en la cultura egipcia, griega (Calendario de Hesíodo; La Ilíada y la Odisea), los mayas (Popol Vuh), los Incas, etc.

**Todos los pueblos agricultores vieron una relación entre el tiempo en que las estrellas en el cielo** (Pléyades) son visibles y el ciclo agrícola anual.

**Dios nos pide no observar el cielo, ni las circunstancias para decidir sembrar o cosechar.** Nuestro Padre Celestial nos pide escuchar Su Espíritu Santo y Sus Palabras para obtener sabiduría y realizar una siembra y cosecha efectivas.

**Nadie quiere perder lo que ha sembrado.** *Cosechar en verano es de sabios; dormirse en la cosecha es de descarados. Proverbios 10:5 DHH*

**Dormirse en la cosecha es:**

No creer en que se recibirá un crecimiento. Abandonar por completo la idea de que Dios prosperará mi campo sembrado. No buscar activamente trabajar en la cosecha.

## Trabajando en la cosecha

*"El que trabaja en la cosecha recibe su paga, y la cosecha que recoge es para vida eterna". Juan 4:36 DHH.*

**En lo natural, ningún sembrador ignora el tiempo de la cosecha.** Un sembrador no abandona el campo que ha sembrado esperando perder todo el fruto de su trabajo al ignorar el tiempo de la cosecha.

Cualquier humano sabe que los frutos hay que recogerlos a tiempo, sino estos pueden helarse, ser comidos por una plaga, por las aves del cielo, por animales o por un extraño o ladrón. Los frutos nacen de la planta y si no se cosechan se caen y se pudren.

**En lo natural la cosecha no se siega sola** y se transporta sin ayuda al granero. La cosecha es una responsabilidad y trabajo del hombre. Cuando un campesino siembra, se prepara para el trabajo de la cosecha. El fruto no viaja solo a los graneros, tampoco es Dios quien acomoda tus alacenas.

**Es el hombre quien debe organizarse, prepararse y llevar sus herramientas para cosechar.** La mano del hombre toma el fruto, lo observa, lo clasifica como bueno o malo y lo corta, manipulándolo cuidadosamente para no lastimarlo, y finalmente lo guarda en sus graneros y alacenas.

**La cosecha espiritual también es trabajo del hombre.** Dios dio el crecimiento del fruto, y es Dios quien manda trabajadores a recoger el abundante fruto de Sus campos sembrados. *"Ciertamente la cosecha es mucha, y los trabajadores son pocos. Por eso, pidan ustedes al Dueño de la cosecha que mande trabajadores a recogerla"* Lucas 10:2 DHH

**El mismo Jesús nos enseñó que la cosecha hay que recogerla.** Cuando Dios les obsequió el maná a los antiguos, tenían que salir y recogerlo, de la misma manera que nuestra cosecha puede estar lista pero si el hombre no va y la recoge creyendo que es trabajo de Dios cosechar, puede quedarse esperando a que Dios responda sus oraciones, cuando Él ya ha hecho la obra.

## ¿Cómo cosechar?

- **Lo primero que debemos de reconocer es el tipo de semilla que hemos sembrado**. Puede ser de amor, amistad, trabajo, financiera, etc. Para que al momento de cosechar no seamos sorprendidos por un fruto no deseado.

- **Después confronta tu fe**, cuánto crees realmente que vas a obtener de todo aquello que sembraste: el 30%? Haz una multiplicación, sobre todo si fue una siembra financiera. Y observa la cantidad. ¿Puedes creer que recibirás el 50%? ¿Es real para ti esa cantidad? Qué tal si estiras tu fe para creer en un 100%.

- **Anota la cantidad**, y tenla frente a tus ojos una y otra vez. Si es una ofrenda de tiempo, de amor o de amistad, visualiza tu vida obteniendo la mayor cosecha posible. Deja que eche raíz en tu corazón el 100% de cosecha.

- **No te atrevas a tener miedo de no recibir**, sabemos que si dudamos, nada recibiremos. Sin observar el viento, ni el cielo, ni las nubes, ni las circunstancias o las opiniones ajenas, mantén tus pensamientos dentro de la voluntad de Dios. La voluntad de Dios es todo lo escrito en su palabra.

- **No desmayar de trabajar en la siembra y la cosecha**: *"No nos cansemos, pues, de hacer bien; porque a su tiempo segaremos, si no desmayamos". Gálatas 6:9* Cuando nos cansamos de trabajar haciendo el bien, sembrando y cuidando lo sembrado, estamos en riesgo de perder la cosecha, pues decimos "he dado mucho, y nada he recibido a cambio". No desmayemos de trabajar en todo lo bueno que hemos sembrado.

- **Mientras esperas el fruto de tu siembra no olvides diezmar** para proteger el crecimiento y la multiplicación de tu semilla, en el campo que sembraste y para que el enemigo no pueda entrar a sembrar cizaña.

- **Pregunta cada día a Dios donde y cuando vas a cosechar** estando alerta a su voz y a sus instrucciones de sabiduría para ti.

- **Da la orden en voz alta** para que la cosecha sea llevada a ti.

- **Sé agradecido con El Padre Celestial de manera anticipada y de corazón** porque el trabajo del crecimiento, multiplicación de la semilla y protección de tu campo lo hace Dios.

- **Obedece inmediatamente a la instrucción para cosechar.** Estas palabras de sabiduría dada por Dios serán específicas, y muy distintas para cada persona. Tu trabajo es creer y trabajar con todo tu esfuerzo, siendo valiente, sin temor y sin desmayar, que es Dios quien prospera toda obra de tus manos.

Es muy posible que Dios de instrucciones para cosechar completamente diferentes a cada individuo. Por esto, no todas las personas cosecharán de la misma manera. **No debemos compararnos con otros**. En la biblia tenemos varios ejemplos de cosecha.

**Consideremos primero el caso de Pedro:** Pescador de oficio, gran conocedor de todos los secretos de la pesca, sabía que ir de pesca en el momento correcto era primordial para obtener la mayor cantidad de peces, sabía de marea, de movimiento del agua, y además tenía fortaleza física tan necesaria para este trabajo. Pedro tenía compromisos, era un hombre casado, y seguramente tenía gastos que cubrir para su familia.

Simón (Pedro) y sus socios Jacobo y Juan habían estado tratando de pescar toda la noche sin haber logrado nada. A pesar de su sabiduría humana, su experiencia y capacidad, todo su esfuerzo había quedado sin resultados.

**Todo cambió en el momento en que Dios le dijo dónde pescar.** Al escuchar la instrucción dada por Jesús, y obedecerla, la pesca fue tan grande que se vio forzado a compartir la gran cantidad de peces que obtuvo, porque Pedro solo no podía contenerla. (Ver Lucas 5).

**El caso de la viuda de Sarepta**: Una mujer sin cobertura, en medio de una tierra de hambruna. Pero esta mujer tenía una relación de intimidad con Dios, pues ella escuchó la instrucción que Dios le dio de sostener a un profeta de Dios. Ella preparó su corazón para obedecer. Y cuando Elías hombre de Dios le pidió agua en medio de una sequía y pan en medio de hambruna, ella obedeció la instrucción de Dios cosechando harina y aceite en medio de la sequía, y de esta manera ella y su hijo sobrevivieron a esa terrible hambruna.

**El caso de la viuda y sus dos hijos**: Mujer sola, con deudas. El acreedor quería cobrarse tomando a sus dos hijos como esclavos. Ella se dirige a un hombre de Dios para recibir sabiduría. El Espíritu Santo le dice a Eliseo inmediatamente que hacer.

La mujer y sus hijos obedecen, cosechando tanto aceite que pudieron pagar sus deudas, y mantenerse económicamente de todo el resto de las ventas.

**Cosechando vida**: La mujer Sunamita, que había sido hospitalaria con Eliseo y su discípulo, recibió un hijo de parte de Dios, y cosechó sanidad para su hijo cuando posteriormente le ataca una enfermedad.

**Cosechando salud**: Naaman, capitán del ejército del rey de Siria, leproso, obedeció la orden del Espíritu Santo hablada a través de la boca del profeta, se sumergió siete veces en el río Jordán y su piel fue purificada y sanada de la lepra.

**Cosechando victorias**: El Señor Dios trajo la victoria a David en contra de los filisteos en el Valle de Refaim. David consultó con Dios y recibió de El instrucciones específicas. David obedeció, y Dios entregó a sus enemigos en su mano. Pero los filisteos volvieron a subir al valle de Refaim, y David nuevamente consulto con Dios, pero esta vez Dios le dio instrucciones completamente distintas para obtener cosecha de victoria. David obedeció lo que Dios le había mandado hacer e hirió a los filisteos desde Geba hasta Gezer.

De esta misma manera hay muchísimas historias de victorias militares y de todo tipo en la biblia. Siempre consultando a Dios y obedeciendo su instrucción, pues es muy probable que Dios de una orden distinta a cada persona para cosechar el bien que ha sembrado.

# ❖ Sembrando y cosechando en tiempos de sequía.

**Se necesita mucha fe y valor para sembrar en tiempos de sequía**. En el mundo existe una sequía espiritual constante que siempre nos hace dudar si es buen momento para sembrar.

Todo indica siempre que no es buen momento pues vienen gastos, ocupaciones, enfermedades y pormenores que buscan restar paz para realizar una buena siembra.

1. **Sembrar bajo la dirección del Espíritu Santo**: El Espíritu Santo es quien está dedicado a enseñarnos todas las cosas y ser nuestra guía. Él sabe cómo sembrar, cuándo, cuánto y donde.

2. **La protección del diezmo**: Nuestras cosechas son resistentes a toda sequía y plaga con la protección del diezmo, con el que Dios promete darnos una tierra de delicias.

3. **Estar alerta**: Velando en oración, con la lámpara encendida del Espíritu, con corazón dispuesto a escuchar toda instrucción y aviso de Dios.

4. **Cosechando en el momento perfecto**: El Espíritu Santo nos guía al momento perfecto de la cosecha, y nos indica dónde y cómo vamos a cosechar, y debemos obedecer rápidamente a Sus instrucciones.

5. **Ser diligentes y trabajadores**: La palabra nos dice en proverbios 13:4 que la mano diligente será prosperada. El tiempo de mayor trabajo es el de la cosecha.

**Había hambruna en la tierra en tiempos de Isaac**, y Dios le ordeno "no desciendas a Egipto, quédate en la tierra en la cual yo te mostraré, habita en esta tierra y Yo estaré contigo, te bendeciré". (Ver Génesis 26)Isaac sembró esa tierra bajo la dirección de Dios, y en el mismo año, **Isaac obtuvo una cosecha del 100%.**

Podemos observar que Isaac: escucho la indicación de Dios, creyó en su corazón el resultado, la fe echo raíces en lo más profundo de su ser. Actúo y obedeció, trabajó en sembrar, en cuidar la siembra, en esperar y en cosechar todo bajo la indicación de Dios. Y finalmente recibió él 100 veces más de lo que sembró.

## LA COSECHA DE JUSTICIA
## YA ESTÁ MADURA

De la palabra de Dios siempre se cosechan frutos de justicia divina. La palabra de Dios es semilla fiel, verdadera, buena, próspera, eterna, bendita y llena de justicia. Ya vimos que la justicia divina es provisión, prosperidad, salud, dirección, resolución de problemas, restauración, felicidad plena, etc.

Los corazones que han sido sembrados por la palabra hecha carne, Jesucristo, ya tienen dentro de sí una cosecha madura de frutos espirituales de justicia.

Dios nos alimenta con el fruto de su justicia divina, y su alimento siempre nos sacia de cualquier necesidad física o espiritual. De esta manera sin importar que tanto nos amenacen las circunstancias del mundo, nosotros como Jesús podemos responder al enemigo: Yo no vivo únicamente de pan, sino que también de toda la palabra que sale de la boca de Dios, pues fiel es Dios.

Una vez que la semilla ha dado frutos maduros de justicia, nos marca el tiempo de cosechar. La hora de recoger el fruto de la tierra ha llegado. La cosecha es el momento más ocupado de toda granja, pues todos los trabajadores, los animales, los tractores, están listos. El espacio en el granero está preparado. La cosecha debe ser recogida antes de que llegue el invierno, una helada, una plaga, o los animales del campo se la coman.

Lo que sembremos con palabras, eso mismo cosecharemos. Si quieres una cosecha selecta, tienes que sembrar semilla selecta. Debemos tener cuidado de hablar palabras buenas y correctas para cosechar buenos frutos. *"Del fruto de su boca el hombre comerá el bien". Proverbios 13:2 LBLA*

La justicia brinda una prosperidad diferente a la del mundo: En el mundo los sistemas de enriquecimiento causan pobreza a otras personas. Por ejemplo en México casi el 45% de las riquezas están en manos del 1% de la población.

En el mundo es bien sabido que el enriquecimiento abundante de un sector de la población causa pobreza profunda a otro sector. Una persona se hace rica a costa de que otras personas se despojen de su dinero o sus bienes.

En la justicia de Dios, el que da se enriquece antes del que recibe, y de esta manera ambos reciben prosperidad y justicia. Por esto podemos decir con certeza que la bendición de Dios enriquece y no añade injusticias con ella.

## ❖ El diezmo, la ofrenda y la riqueza.

En este mundo todas las riquezas son injustas. Todo el sistema económico del mundo está basado en la injusticia pues enriquece a unos empobreciendo a otros.

El éxito de un pueblo informado, educado y fuerte se asocia al empobrecimiento y explotación de pueblos y naciones pobres, ignorantes y débiles. El enriquecimiento de grandes monopolios empobrece a los comerciantes y a la población en general. La falta de innovación y desarrollo de tecnologías lleva a la explotación de los recursos naturales.

Dios nos ha revelado la manera de redimir nuestras finanzas de ser injustas a estar llenas de justicia, pues en el mundo una persona se enriquece quitando dinero a los demás, y en el sistema de Dios una persona se enriquece cuando da, sobre todo al reino de los cielos. De esta manera todos ganan y se quita toda injusticia.

La pobreza: es carencia de inteligencia, de información, ignorancia, debilidad, falta de acceso a una buena educación, vivienda, transporte, servicios médicos, viajes y entretenimientos secundaria a la falta de recursos financieros y poco poder adquisitivo derivado de múltiples factores: país, gobierno, economía, nivel de consciencia de la persona, monopolios en el área y trabajos mal pagados.

## El enriquecimiento que da Dios, NUNCA causa empobrecimiento a otros.

**La pobreza no se cura con dinero**. La pobreza en todos los aspectos de la vida se anula con:

- **La palabra de Dios:** Pues quien medita en su palabra de día y de noche prosperará en todo lo que su mano haga.
- **La unción de Dios**: que quita toda carga y pudre todo yugo.
- **La bendición de Dios** que enriquece verdaderamente y no añade injusticia o tristezas o afán.

El diezmo protege a una persona de no ser robada. Una nación rica puede vivir como una muy pobre si es robada por el gobierno, por extranjeros, por empresas, por monopolios, por la corrupción.

El diezmo reprende todos estos tipos de devoradores en la vida de una persona, de manera que la persona que diezma, medita en la palabra de Dios, y se aferra a la bendición de Dios llega a un nivel alto de prosperidad. Pero para lograr esta prosperidad Dios también enriquece a los clientes para que le puedan comprar, a empresas para que le puedan pagar, a una ciudad para que pueda mantener ahí su negocio, a un estado, y a un país.

El diezmo, la palabra de Dios y la bendición de Dios tienen que trabajar detrás de las cámaras para prosperar a una persona, pues requiere cambiar economías enteras pues la prosperidad es firme.

La mejor manera de cambiar para bien la economía de una persona, de una casa, de una familia, de una ciudad, y en consecuencia de todo un país es obedeciendo a la manera en que Dios redime las finanzas de Su pueblo.

El enriquecimiento que da Dios es en justicia, y jamás añade injusticias ni empobrecimiento a otros. Dios puede enriquecer a todos al mismo tiempo sin empobrecer a nadie. Ningún afán, ningún sistema de enriquecimiento del mundo pueden dar este sistema económico, pues es un sistema de justicia verdadera

"Por tanto, no se preocupen, diciendo: '¿Qué comeremos?' o '¿qué beberemos?' o '¿con qué nos vestiremos? Porque los Gentiles (los paganos) buscan ansiosamente todas estas cosas; que el Padre celestial sabe que ustedes necesitan todas estas cosas. **Pero busquen primero Su reino y Su justicia, y todas estas cosas les serán añadidas".** Mateo 6:31-33 NBLH

Lecturas relacionadas: www.kcm.org/watch/how-reap-your-harvest-part 1 and 2

# LA PROSPERIDAD DEL ALMA

*Amado, ruego que seas prosperado en todo así como prospera tu alma, y que tengas buena salud. 3 Juan 1:2. LBLA*

Somos seres de tres partes. Espíritu, alma y cuerpo. El cuerpo es lo que llamamos la carne. El alma es nuestra mente, y el espíritu, quien está conectado con Dios y al mundo espiritual.

## Originalmente Dios nos hizo perfectos.

Cuando Dios creó al hombre, lo hizo perfecto en espíritu, en alma y en cuerpo. Desgraciadamente con la caída del hombre, la naturaleza humana fue corrompida, y el cuerpo natural comenzó a manifiestar signos de imperfección como enfermedades, vejez, limitaciones, dolor. La mente humana fue corrompida mediante pensamientos de maldad, y el espíritu del humano murió al reino de la luz y nació al reino de las tinieblas.

**Con la redención de Jesucristo nuestro espíritu inmediatamente renació al reino de la luz, y se convirtió en un esp**íritu perfecto. Pero nuestra alma (mente) tiene que ser renovada con la palabra de Dios para volver a la perfección original en la que fuimos creados. Esta restauración del alma (mente) es un proceso llevado a cabo por la palabra de Dios:

*La palabra de Dios es perfecta, que restaura el alma, las enseñanzas de Dios son confiables, hacen sabio al sencillo. (Salmo 19:7, énfasis e interpretación del autor)*

**La meditación en la palabra de Dios** nos hace pensar SUS pensamientos, meditar en SUS palabras de día y de noche causa sanidad en nuestra alma, renueva nuestra mente, **restaura nuestra alma a la perfección original en la que fue creada**. Decía el Rey David en el salmo 23: Dios restaura mi alma, y me guía por caminos de justicia.

La meditación en la palabra de Dios continuamente **da prosperidad primero en nuestra alma y posteriormente en nuestro cuerpo y en nuestra vida material**.

**El meditar en la palabra de Dios es hacer la voluntad de Dios**, es hacer lo bueno y lo recto a sus ojos, hace que le agrades, se deleita en tus pensamientos, y además guía cada paso de tu vida por caminos de justica. **La palabra de Dios siempre trae buenos frutos, como la prosperidad del alma.**

**Un alma próspera es** un alma en completa sintonía con los pensamientos de Dios, con la voluntad de Dios, y **un alma que manifiesta todos los frutos del espíritu**: amor, gozo, paz, paciencia, benignidad, bondad, fe, mansedumbre, templanza.

El meditar en la palabra de Dios de día y de noche **nos lleva a una prosperidad del alma.** De la prosperidad del alma dependen los cambios en el cuerpo y los cambios en nuestro entorno.

## ❖ Los cambios en el cuerpo.

La sanidad física está íntimamente ligada a la sanidad del alma. La sanidad se gesta primero en la mente, meditando de día y de noche las palabras que Dios ha hablado como las siguientes:

*"Y dijo: Si escuchas atentamente la voz del SEÑOR tu Dios, y haces lo que es recto ante sus ojos, y escuchas sus mandamientos, y guardas todos sus estatutos, no te enviaré ninguna de las enfermedades que envié sobre los egipcios; porque yo, el SEÑOR, soy tu sanador."* **Éxodo 15:26**

*"Porque yo te devolveré la salud, y te sanaré de tus heridas-- declara el SEÑOR"* *Jeremías 30:17 LBLA*

*"Él envió su palabra y los sanó y los libró de la muerte". Salmos 107:20 LBLA*

*"Ningún habitante dirá: Estoy enfermo; al pueblo que allí habita, le será perdonada su iniquidad." Isaías 33:24 LBLA*

*"He aquí, yo le traeré salud y sanidad; los sanaré y les revelaré abundancia de paz y de verdad". Jeremías 33:6 LBLA*

*"Más Él herido fue por nuestras transgresiones, molido por nuestros pecados; el castigo de nuestra paz fue sobre Él, y por su llaga fuimos nosotros curados. Isaías 53:5 RVC*

Analizando toda la palabra de sanidad que nos da Dios, nos damos cuenta que estas palabras comienzan a quitar todo pensamiento torcido de la mente en cuanto a ser propietario de una efermedad, de merecerla o de que sea incurable. Las palabras de Dios una vez que penetran al subconciente, al alma y al corazón echan raíz estableciendo que Dios es nuestro sanador, y la salud se asocia a perdón de pecados mediante Jesucristo, que nos llena de paz, nos libra de sensación de culpa, y nos libera en la verdad de la palabra. Es decir, la sanidad física lleva un sustento de sanidad del alma, van unidas.

Cuando Jesús sanaba decía: Tus pecados te han sido perdonados. Esas palabras sanan el alma de quien las escucha pues todo sentimiento de culpa, de remordimiento por el pasado desaparecen. La carga de los errores en la vida es levantada, y **esto llevaba a una restauración del alma (mente) que se manifestaba directamente a una salud física**. "Él es el que perdona todas tus iniquidades, el que sana todas tus enfermedades. *Salmos 103:3 LBLA*

**La prosperidad del alma lleva a que la carne descanse en esperanza**, llena de alegría, es medicina al cuerpo, sustenta los huesos. Los pensamientos de bien, de amor que transmite Dios sana al alma y cuando echan raíces, causan cambios celulares que sanan al cuerpo.

## ❖ Los cambios en nuestro entorno

*"Voy a hacer pasar toda mi bondad delante de ti"* Éxodo 33:19 DHH

El alma es nuestra mente. En ella está nuestra personalidad, nuestros pensamientos, nuestra manera de ser. Cuando el alma medita continuamente en la palabra de Dios, la promesa es la prosperidad en todo lo que nos rodea.

*Este libro de la ley nunca se apartará de tu boca, sino que de día y de noche meditarás en él, para que guardes y hagas conforme a todo lo que en él está escrito; porque entonces harás prosperar tu camino, y todo te saldrá bien. Josué 1:8 RVC*

**La prosperidad del alma está ligada a la siembra de la palabra de Dios en nuestra mente (alma)**, meditando y pensando en ella de día u de noche. **La cosecha del fruto de esta siembra es la prosperidad en todo.**

**Cualquier pensamiento que esté constantemente en nuestra mente sea bueno o malo tendrá un crecimiento y dará frutos en nuestra vida**. Ese crecimiento traerá cambios en nuestro hablar, en nuestro actuar, en nuestra manera de decidir y pensar.

Con el tiempo también cambios en nuestro entorno causados por nuestra manera de pensar.

Dios nos invita a hacer crecer su palabra en nuestros pensamientos para alimentarnos de sus buenos y deleitosos frutos. Nuestro entorno será únicamente bueno, lleno de la bendición de Dios que enriquece y no añade tristeza.

*La meditación en la palabra de Dios, hara que toda la bondad de Dios pase delante de nosotros, pues esa es Su voluntad.*

## Tenemos un gran maestro, el mejor, quien es Jesús.

Jesús es el primer ser humano capaz de moverse con toda autoridad en el Reino de los Cielos. Podemos observar que

Jesús tenía la actitud de vivir confiado y todo lo que El hacía era prosperado por Dios:

*Jesús recorría toda Galilea, enseñando en las sinagogas, anunciando las buenas nuevas del reino, y sanando toda enfermedad y dolencia entre la gente. Mateo 4:23 LBLA*

El logró sanar cualquier enfermedad de quien tuviera suficiente fe, Jesús pudo liberar cualquier endemoniado, Jesús obtuvo recursos del reino para alimentar a 5000 personas de la nada, y pudo pagar un cobro alto de impuestos que llegó de modo inesperado.

Podemos aprender de Jesús, las principales características que lo hacían moverse en el Reino de los Cielos con facilidad:

## Jesús buscó de corazón vivir la voluntad de Dios:

La voluntad de Dios es la palabra de Dios. Jesús en su faceta humana deseaba tener su voluntad completamente alineada a la palabra de Dios. El propósito de Jesús en la tierra, fue obedecer la buena voluntad del Padre Celestial quien deseaba salvar al mundo a través de Él.

Jesús nunca busco hacer su propia voluntad, pues aún en las circunstancias más obscuras, rodeado de sombras y muertes oró para poder hacer la voluntad del Padre Celestial: *"se postró sobre su rostro, y oró diciendo: Padre mío, si es posible, que pase de mí esta copa, pero no se haga mi voluntad, sino la tuya." Mateo 26:39 LBLA*

Jesús siempre obedeció la voluntad de Dios, escuchó todo el tiempo al Espíritu Santo quien lo guiaba, y aun cuando Sus instrucciones parecían a veces locura y esto lo podía exponer a rechazo, burlas o escarnios.

Ante toda oposición, Jesús obedecía, porque confiaba en que la voluntad de Dios siempre es para bien. Por esto de Jesús profetizó Isaías *"El Señor DIOS me ha abierto el oído; y no fui desobediente, ni me volví atrás" (Isaías 50:5 LBLA)*

Nuestra guía de obediencia es el Espíritu Santo, búscale de corazón, con la intención de obedecer, y Él se manifestará a ti, y Él te llamara su amigo, y será tu amigo más cercano que cualquier hermano. *Hay amigo más unido que un hermano. Proverbios 18:24 LBLA*

El Espíritu Santo nunca te va a pedir que hagas algo indebido. Él es sumamente SANTO, y siempre te va a guiar por caminos que le agraden a Dios.

Las instrucciones del Espíritu Santo las recibes tú directamente de Él, por lo general sin intermediarios. No pidas dirección y ayuda de otros seres humanos que no saben resolver ni su propia vida. Pide instrucción directamente al Espíritu Santo. Escucha y obedece su respuesta aunque parezca locura. Sus caminos no son nuestros caminos.

Hoy Jesús nos invita a obedecer las instrucciones del Espíritu Santo, a veces sus instrucciones pueden parecer difíciles, ilógicas, o son algo que no nos gusta hacer. Pero así como Jesús, confiemos en el amor de Dios, y su voluntad siempre es buena.

Jesús instruyó a Pedro que debía obedecer al Espíritu Santo. Le explico que cuando tuviera madurez espiritual el Espíritu

Santo sería quien sería quien lo ceñiría, lo vestiría de toda sabiduría y lo necesario para predicar por lugares difíciles e inhóspitos, seguramente lugares donde Pedro no quería ir, donde padecería persecución y hasta tal vez la muerte: *"En verdad te digo, que cuando eras más joven te vestías y andabas por donde querías; pero cuando seas viejo extenderás las manos y otro te vestirá, y te llevará adonde no quieras". Juan 21:18 NBLH*

El Espíritu Santo requiere obediencia para poder usar al máximo nuestros dones y talentos. Tras la obediencia siempre hay bendición.

Todos los dones que nos ha dado Dios, son porque los desea usar, no son para esconderlos, ni guardarlos. Debemos ser obedientes en el uso de nuestros dones y talentos. Él desea edificar a su amada Iglesia a través de los diversos dones, y tú tienes talentos dados para edificación de quienes te rodean.

Hoy Dios te invita a obedecerle por amor.

## Jesús siempre buscó glorificar a Dios.

En el Reino de los Cielos no se aceptan glorias humanas. La única gloria bien recibida es la Gloria de Dios. *(Ver Juan 5:41).*

Nosotros estamos llenos de Su Gloria porque Su Espíritu vive en nosotros, de esta manera cuando expandimos la palabra y se aumenta el número de creyentes, la Gloria de Dios va llenando la tierra a través de nosotros.

Jesús describe como una persona que vive en justicia aquella que busca la gloria de Dios: *--El que habla por su propia cuenta,* *su propia gloria busca; pero el que busca la gloria del que le envió, éste es verdadero, y no hay injusticia en Él--.Juan 7:18 RVR60*

Jesús en la tierra estaba lleno de la gloria de Dios, y siempre afirmó: *yo no busco mi propia gloria.* Al traer salvación, trajo la gloria misma de Dios a nosotros, y su gloria se ha ido expandiendo a toda la humanidad hasta el día en que sea llena la tierra como las aguas cubren el mar.

## Jesús siempre buscó aprobación de Dios y no de hombres:

Buscar la aprobación de los hombres es rechazar la aprobación de Dios.

Jesús a pesar de muchas circunstancias difíciles nunca le interesó que los hombres lo aprobaran. Por ejemplo: Jesús sabía que Él es el Sumo Sacerdote Eterno, que Él es el Hijo de Dios. Y nunca luchó por tener un puesto alto en la Sinagoga.

A Él no le interesaba ganar la aprobación del Sanedrín, o de los miembros importantes de la sociedad. Él buscaba ser aprobado por Dios.

Dentro de esta aprobación por Dios, Él vivió desapruebo de los hombres, ya que fue expulsado de la Sinagoga, y su familia se avergonzaba de Él. La palabra dice que ni aún sus hermanos creían en Él (Ver Juan 7:5).

Jesús platicaba con personas marginadas de la sociedad o personas con desprestigio según la sociedad por tener algún tipo de mala fama: Samaritanos, recaudadores de impuestos, prostitutas. Y aún con personas consideradas un peligro como los leprosos.

Hoy le ocurre lo mismo a muchas personas honestas que buscan la aprobación de Dios, y son miradas con sospecha por quienes les rodean, pero Dios nos invita a seguir buscando el reconocimiento de Dios antes de la aprobación del hombre: *Porque amaban más el reconocimiento de los hombres que el reconocimiento de Dios. Juan 12:43 LBLA*

**Jesús nunca actuó por dinero, o por buscar el favor de los hombres, siempre procuró la ayuda de Dios.**

Buscar el favor de los hombres para obtener la ayuda del humano es rechazar la ayuda de Dios. El buscar quedar bien con los humanos con el único fin de obtener su ayuda, no te permite encontrar la ayuda de Dios.

Jesús nunca busco ayuda de hombres. Jesús tuvo necesidades como ser humano, pero Jesús confiaba en que Dios movería los corazones para que las personas le ayudaran, y no era Él quien debía manipular a nadie buscando el favor de las personas o buscando recibir dinero.

Jesús nunca actuó por dinero, por buscar quedar bien con personas importantes para verse favorecido ni nunca procuró tomar ventaja de las personas. Los apóstoles como Pablo, siguieron bien su ejemplo, no codiciaban oro, ni plata ni la ropa de nadie. No buscaban hacer comercio con la palabra de Dios. Predicaban con sinceridad, sin avaricia, no por obligación, sino confiando en Dios.

De esta manera, Dios mismo movía los corazones para que ellos recibieran el salario del Reino de los Cielos. **Dios no es manipulador ni controlador.** El mueve los corazones en amor:

Y le enviaron sus discípulos junto con los herodianos, diciendo: *"--Maestro, sabemos que eres veraz y que enseñas el camino de Dios con verdad, y no buscas el favor de nadie, porque eres imparcial—".* Mateo 22:16 LBLA

## JESÚS EL MÁS AMOROSO, SANTO Y PERDONADOR quien nunca se enfoca en las imperfecciones del humano.

Cuando una persona ama mucho, es vulnerable a sufrir con un gran dolor causado por rechazo u ofensas de la persona que se ama. Dios nos ama con amor eterno, y ha soportado inumerables rechazos y ofensas nuestras.

Jesús, soportó el rechazo de sus amigos amados, y siempre se mostró pronto para perdonar, y dar un nuevo comienzo a las cosas. Un ejemplo lo tenemos en la negación de Pedro, quien niega a Jesús tres veces delante de todos.

Después cuando Jesús se aparece a los apóstoles, le da la oportunidad a Pedro que le confirme su amor delante de todos tres veces, y le da un nuevo comienzo, ya no pescando, sino pastoreando sus ovejas.

Probablemente Pedro ya no se sentía digno de seguir a Jesús o de predicar por haberlo negado delante de todos. El miedo a morir fue mayor que su amor.

Su conciencia le recordaba este error todo el tiempo. Pedro entendió que el amor del humano es imperfecto (fileos), puede fallar encualquier momento y sólo el amor de Dios es perfecto (agape). En el amor agape de Dios, es el único en el que se puede confiar.

A pesar que Jesús estaba consciente de los errores de Pedro como amigo y como seguidor de Dios, le ofreció su perdón y su amor. De igual manera a ti, a mí y a toda la humanidad.

# JUICIO

## ❖ La maldad

**La maldad no fue creada por Dios**. Todo lo que Dios ha hecho es bueno. La maldad es un enemigo de Dios. La maldad ataca a los hombres aún desde antes de nacer.

**El primer registro de maldad es** cuando Dios halló maldad en el corazón de uno de sus ángeles (quien posteriormente se convirtió en Satanás), y por esto fue echado fuera de la presencia de Dios. Ese es el primer juicio registrado.

> Tú, querubín grande, protector, yo te puse en el santo monte de Dios, allí estuviste; en medio de las piedras de fuego te paseabas. Perfecto eras en todos tus caminos desde el día que fuiste creado, hasta que se halló en ti maldad. A causa de la multitud de tus contrataciones fuiste lleno de iniquidad, y pecaste; por lo que yo te eché del monte de Dios, y te arrojé de entre las piedras del fuego, oh querubín protector. Se enalteció tu corazón a causa de tu hermosura, corrompiste tu sabiduría a causa de tu esplendor; yo te arrojaré por tierra; delante de los reyes te pondré

> para que miren en ti. Con la multitud de tus maldades
> y con la iniquidad de tus contrataciones profanaste
> tu santuario; yo, pues, saqué fuego de en medio de
> ti, el cual te consumió, y te puse en ceniza sobre la
> tierra a los ojos de todos los que te miran. Todos los
> que te conocieron de entre los pueblos se maravillarán
> sobre ti; espanto serás, y para siempre dejarás de ser.
> *Ezequiel 28:14-16*

Lucifer era un querubín grande, es decir de un alto rango, protector lo que habla del tipo de autoridad y responsabilidad que tenía delante del trono de Dios. La hermosura que tenía enalteció su corazón y su alma se comenzó a llenar de pensamientos de soberbia y maldad que corrompieron su sabiduría. Su alma se llenó de maldad e iniquidad, y este es el primer registro de maldad en la historia. La caída de Satanás cambió completamente su posición delante de Dios, y perdió para siempre sus funciones y la vida eterna.

**Satanás no tenía ningún poder y ninguna autoridad por lo cual engañó a Adán para robarle su autoridad**, su poder y su posición. Miles de años pasaron, y el enemigo seguía engañando a toda la humanidad sembrando maldad en sus pensamientos. Hasta que llegó **Jesucristo y despojó a Satanás de todo poder y autoridad que había robado al hombre**. (Ver introducción)

**Dios ha dado a Jesucristo todo el poder, y toda la autoridad**. De esta manera satanás, el que primero que dio origen a la maldad está completamente derrotado, muerto y vencido.

# Si el diablo está derrotado y vencido, ¿porque hay maldad en la tierra?

**La maldad no tiene manera de ocurrir por sí misma.** Todas las acciones de maldad son hechas por el humano. Toda la maldad nace de un pensamiento. El diablo puso un pensamiento en el corazón de Eva, ella meditó en ese pensamiento y lo hizo crecer. **Todas las acciones de maldad comienzan con un pensamiento humano.** Ese pensamiento como lo dice la escritura puede ser una sugerencia del enemigo, o bien, puede ser el resultado de los propios deseos carnales:

*Conciben malicia, dan a luz iniquidad, y en su mente traman engaño. Job 15:35 LBLA*

**Una vez que el pensamiento de maldad ha sido sembrado en el corazón** (se siembra cuando se medita en ese pensamiento; meditar es pensar por largo tiempo en algo) **tiene una raíz fuerte, y comienza a crecer** con el tiempo de la misma manera en que crece una planta, **posteriormente en su momento da una acción de maldad** que es un fruto de maldad.

Las maldades, la violencia, la atrocidad que vemos hoy en las noticias, que ocurren el día de hoy, realmente **comenzaron con un pensamiento**, una planeación, una búsqueda del momento para llevar a cabo la maldad.

*He aquí el impío concibió maldad, Se preñó de iniquidad, Y dio a luz engaño. Salmos 7:14 RVR1960*

Este salmo explica la manera en la que el hombre hace da existencia a la maldad: piensa la maldad en su corazón (*concibió maldad)*, planea la manera de llevar a cabo la maldad *(se preñó de iniquidad)* y dio a luz engaño *(llevó a cabo la mala acción, dando existencia a una maldad)*.

*Pozo ha cavado, y lo ha ahondado; Y en el hoyo que hizo caerá. Su iniquidad volverá sobre su cabeza, Y su agravio caerá sobre su propia coronilla. Salmos 7:15-16 RVR1960*

**La ley de la siembra y la cosecha**, hace que **la maldad sembrada en la mente** *(pozo ha cavado)*, *la planeación de hacer una maldad (y lo ha ahondado)* origine el crecimiento de un fruto mental malo, es decir la persona cae en un hoyo mental de depresión, de necedad, de tristeza, de culpa, etc *(en el hoyo que hizo caerá)*.

**La siembra física de la mala acción dará un fruto físico de maldad** que caerá sobre la propia cabeza de quien la hizo. *(Su agravio caerá sobre su propia coronilla)*.

**La ley de la siembra y la cosecha es una ley espiritual que siempre se cumple.** Dios hizo las leyes espirituales para bien, pensando en que las obras buenas que hagamos por otros y el bien que pensemos hacer a los demás sean devueltos a nosotros con creces. Originalmente no fue creada para la maldad, pero todo obedece a lo establecido por Dios.

De esta manera podemos ver que toda la ley de Dios es justa y su justicia divina siempre predomina. **La única manera de librarse de los frutos de maldad es a través del arrepentimiento. El perdón de Dios libra al hombre de todo fruto de maldad que haya sembrado.**

La meditación en la palabra de Dios de día y de noche hace que hasta la mente más retorcida sea corregida y se rectifique. La palabra de Dios sana aún las heridas y trastornos del subconsciente pues penetra de la consciencia a la mente más profunda, a los recuerdos, a los rincones más obscuros del pensamiento que sólo Dios puede alcanzar. *"Porque la palabra de Dios tiene vida y poder. Es más cortante que cualquier espada de dos filos, y penetra hasta lo más profundo del alma y del espíritu, hasta lo más íntimo de la persona; y somete a juicio los pensamientos y las intenciones del corazón". Hebreos 4:12 DHH*

# JUICIO DE HOMBRES

### ❖ Juzgando a otros.

*Esta es una historia acerca de dos hermanas, ellas vivían en Betania, y ese día Jesús andaba de camino por ahí. La hermana mayor, Marta, ofreció su casa en servicio a Jesús para lo que Él necesitara.*

*Jesús aceptó la oferta y estaban a punto de llegar. Las hermanas habían preparado alimentos, habían limpiado y barrido con detalle la casa. Acomodaron los muebles de manera que pudieran entrar todos los invitados. Mostrar hospitalidad con un Rabino era muy importante para ellas, y más cuando ellas sabían que era el mismo Mesías. Habían ido juntas al pozo temprano, y habían cargado varias veces baldes con agua para tener suficiente. Habían cocinado toda la mañana. Ya todo estaba listo y preparado. Sentían cansancio mezclado con emoción de saber que Jesús y algunas de las personas que venían con Él se hospedarían con ellas. Su hermano Lázaro estaba acompañando a Jesús y a toda su comitiva por toda Betania, siguiéndolo en sus predicas, ministraciones y asuntos por la aldea; posteriormente sería el quien le iba a indicar el camino a su casa.*

*Ellas no se habían sentado ni un segundo, pero finalmente todo estaba listo. Justo cuando ellas se disponían a descansar, se comienzan a escuchar muchas voces a lo lejos, el murmullo, los pasos y el ruido de la multitud que acompañan a Jesús era un alboroto que rara vez se podía escuchar en Betania, aldea tan pequeña. Su voz cada vez se escucha más cerca. Ambas se levantan de un brinco. María corre a abrir la puerta y brincando de alegría corre a encontrar a Jesús para darle la bienvenida. Jesús la abraza, habla con ella durante un momento pequeño y al parecer sus palabras la ministran a lo profundo de su corazón. Todos pueden ver el rostro de María quebrantada y feliz de estar con Su Señor. Finalmente la comitiva entra a la casa con María, quien está tan feliz en medio de las personas que parece un invitado más, pues no se separa ni un instante del Maestro. Marta comienza a sentirse incómoda y siente enojo en su corazón diciendo en su interior: ¡Genial! Ahora yo estoy acomodando a todos. Ahora tuve que organizar todo yo sola, y además estoy sirviendo el agua y el vino como loca sin que a nadie le interese ayudarme, y mi hermana ni siquiera presta atención a los invitados ¡Sólo piensa en ella misma!*

*La prédica sigue y las palabras de Jesús son hermosas. El corazón de todos los presentes se ha inflamado de amor por Dios y de pasión por la palabra.*

*Las lágrimas en los ojos de María no paran de correr. Un momento hermoso, lleno de palabras hermosas, y la presencia de Dios estaba dejando una huella imborrable en todos ellos. El Espíritu de la Palabra de Vida está removiendo los corazones y todos están quebrantados, rendidos a Jesús... Todos excepto un corazón enojado. Todos excepto el corazón de Marta. En este momento Marta está completamente enojada. Su mujer interior no para de hablar juicios en contra de su hermana menor, y ahora el enojo ha cambiado su semblante. El corazón de Marta está concentrado en juzgar y señalar todos los defectos de carácter tan evidentes de su hermana. Una floja, una hipócrita, una mujer sin valores, que no tiene la menor sabiduría y se olvida completo de sus responsabilidades y de sus prioridades. Ásperamente Marta sirve a todos, y de mala gana va y viene entre las personas.*

*Llega el momento en que Marta siente que explota y ahora juzga a todos. —Cómo es posible que nadie le llame la atención a esta mujer, ni el mismo Jesús parece darse cuenta. Si el conociera todas las cosas, como según Él dice, ya la hubiera mandado a ayudarme, pero ni Él parece darse cuenta—*

*Y queriendo hacer ver el error de Jesús de no corregir a su hermana y deseando convencer a todos los invitados de los errores de su hermana finalmente en una pausa que hace Jesús en la predica, de la boca de Marta brota lo que desde hace mucho rato se había generado en su corazón. Su enojo y juicio contra su hermana María por no ayudarle se hacen evidentes, y la sutil sugerencia a Jesús (con la intención de manipular la actitud de Jesús y de todos los que escuchan) del error que como Maestro está cometiendo al no corregir a su hermana.*

*--"Maestro", no te preocupa que mi hermana me deje trabajar y ¡servir todo yo sola!—*

*Y dándole una orden tajante a Jesús finalmente en un enunciado imperativo hace notorio el error de Jesús a los ojos de Marta: ¡Dile que me ayude!.*

*Jesús, un varón humano y un Dios que no manipula ni jamás se deja controlar por nadie le responde viéndola a los ojos con amor, conociendo su carácter líder y controlador: Marta, mi Marta. Estás muy turbada y afanada.*

*Jesús defiende a María del juicio humano y la esconde bajo sus alas, bajo su sombra, a contención de lenguas. Defendiendo a la acusada hace saber a Marta: Lo más importante en este segundo Soy Yo. Solo una cosa es necesaria y ella ha escogido lo mejor, y no le será quitado jamás.*

Me llama la atención que este pequeño altercado entre dos mujeres haya quedado registrado en las escrituras y en la historia de la salvación.

¿Habrá entendido Marta la importancia de no juzgar? El Espíritu de Dios seguramente le mostró el vacío y la falsa paz que da el querer controlar y manipular a otros.

Jesús defendió a María del juicio que su hermana proclamo en su contra. Esta defensa fue de la misma manera en que defendió a la mujer adúltera de morir apedreada por el juicio de los hombre. Liberó a las dos mujeres de un juicio humano, pero de distinta manera. Jesús no juzga a nadie y rechaza el juicio contra todo ser humano.

## ❖ Jesús y el juicio humano

**Jesús nos da una orden: --No juzgues y no serás juzgado—** El no juzgar es una orden y no una opción. Ni una sugerencia.

**Dios aborrece que seamos juzgados**. El mismo nos liberó de las acusaciones y los juicios que Satanás proclama continuamente en nuestra contra; pero cuando juzgamos a otro ser humano entonces estamos en una zona de peligro, y podemos caer en las mismas riendas de juicio que nosotros soltamos.

Jesús nos explica en Mateo 7, que la misma medida que usemos para medir a otros será usada para medirnos a nosotros, y esto será muy doloroso. A Dios le duele el que juzguemos a otros porque sabe las consecuencias del juicio humano.

--¡Cómo te puedes fijar en el error (astilla) en la vida de tu hermano, y descuidas completamente el ERROR (el tronco del árbol) en tu propia vida!— Nosotros nos justificamos y fácilmente tenemos misericordia en nosotros mismos, pero somos duros en juzgar a otros.

De la misma manera en que midamos los errores de otro, serán medidos nuestros errores. Por ejemplo: tienes 13 juicios contra una persona, por ejemplo, tu esposo (la biblia habla de medidas) esos mismos 13 juicios igualitos van a pasar sobre ti. Porque todo lo que uno siembre eso mismo cosechará. El juicio en contra de otro ser humano es una semilla de maldad. Todos estos juicios sembrados caerán sobre nosotros con la misma dureza que nosotros los hayamos proclamado en contra de alguien.

Dios no quiere que juzguemos porque de la misma manera que juzguemos seremos juzgados, tal vez en otra situación, circunstancia. Por la misma persona o por otra persona que nos importe.

## El juicio es algo espiritual.

¡Hipócrita! Así es como nos llama Jesús cuando estamos juzgando. Saca primero el error de tu vida y luego verás bien para sacar el error de otra vida.

Siempre vamos a tener errores. El único que siempre verá bien para quitar nuestros errores es el doctor Jesucristo. Nuestra responsabilidad es acercarnos a Dios a que nos limpie, y fijarnos en nuestros propios errores.

Yo soy oftalmóloga, y sé muy bien como se ve un ojo con una astilla dentro. Es un ojo que lagrimea, que no tolera la luz, que tiene mucho dolor, está completamente enrojecido; a la persona le cuesta mucho trabajo enfocar y ver porque ni siquiera lo puede mantener abierto. El afectado no puede dormir por el dolor ni tampoco hacer sus actividades.

También sé que no cualquiera puede retirar una astilla del ojo de otra persona. Lo ideal es que la retire un médico especialista, con un microscopio adecuado y el instrumental preciso para no causar ningún daño. Hay que estar vigilando la recuperación y dar los antibióticos adecuado para que posteriormente no crezcan hongos o bacterias.

Así que para mí es muy significativa esta enseñanza donde Jesús nos dice: --Tú tienes un tronco en tu ojo, tú también tienes errores que deben ser sanados por Mí. Ese tronco (error) en tu ojo te convierte en una persona no apta para juzgar (sanar) otro ojo, pues no te deja ver bien para hacer esta labor. Sólo Yo soy el Gran Médico que puedo sanarte.

Nuestra responsabilidad es buscar sanidad de nuestros propios errores, y dejar de buscar errores en la vida de otras personas.

## ❖ El proceso del juicio humano

**El juicio es así**: primero vemos el error, dice Jesús que nos fijamos. Es decir vemos con mucha atención y seguimos cada paso de ese error. Meditamos en el error de otra persona, y nos fijamos continuamente que ese error (astilla) está en la vida de esta persona.

Posteriormente en nuestra propia sabiduría decimos yo sé que eso está muy mal. Esa vida tiene una astilla (error). Esta persona está enferma y se lo que debe hacer para mejorar y sanar su vida.

Luego hablamos: hermano tú tienes un error (astilla) en tu vida (ojo), y yo sé cómo solucionarlo. Yo te voy a orientar, te voy a sanar y te voy a ayudar. Obedece mi enseñanza y mi instrucción.

Cuando estamos juzgando a alguien, Jesús nos dice: hipócrita. Fíjate primero en tus propios errores y luego veras bien para ayudar a otros. Pero el fijarnos en nuestros propios errores es un proceso que puede tomar toda la vida. Un salmo dice: líbrame de mis errores ocultos a mis ojos.

Nuestro trabajo es buscar sanidad de nuestros propios errores y pasar por alto el error ajeno. Jesús es el encargado de sanarnos a todos y confiamos en que El hace muy bien Su trabajo en todos nosotros.

El juicio humano causa resentimientos, discordias, dolor y relaciones humanas heridas, infectadas y rotas.

**Nadie queremos ser juzgados**. Todos queremos ser aceptados tal y como somos en nuestra familia, en nuestro matrimonio, en la escuela, en la iglesia, en el trabajo, con los amigos. Si no nos sentimos aceptados y nos sentimos juzgados, no abrimos nuestro corazón y dejamos de confiar en esa persona.

**Los juicios** rompen las relaciones humanas. Los matrimonios, las amistades, las iglesias son una perla de gran precio que es y pisoteada por la inmundicia cuando emitimos juicios.

## ❖ El hombre interior

Cuando estamos delante de una persona, aunque nuestra boca no hable, nuestro hombre interior siempre está diciendo su opinión de las cosas.

Puede estar preocupado por algo, deseando no estar ahí, o puede ni siquiera estar escuchando el corazón de la persona que le está hablando, pensando más en sus propias cosas.

Puede estar diciendo que algo no le gusta, juzgando lo que están diciendo, criticando o señalando los errores del prójimo, etc.

Jesús nos invita a tener un hombre interior quieto y tierno: "Aprended de mí que soy tierno y humilde de corazón".

Para Dios es precioso un hombre interior quieto, apacible, callado sin juzgar a la persona que tenemos enfrente, sobre todo si es nuestro cónyuge, hijo, familiar o amigo. Aun cuando las cosas no sean como queremos, o nos cueste mucho trabajo mantenernos sin quejarnos o sin juzgar, mantener callado al hombre interior va a permitir poder escuchar la voz del Espíritu Santo dándonos instrucción acerca de qué hacer.

Aunque nadie puede escuchar lo que tu hombre interior habla y aparentemente queda oculto al mundo, espiritualmente si se comunica, principalmente con Dios.

El juicio y la condenación que habla nuestro hombre interior contra una persona, envía señales de rechazo, y la persona que está frente a ti puede sentirlo. Algunas veces hasta se puede discernir de qué juicio se trata y toda la condenación que esa persona habla a través de la voz de su hombre interior es transmitida. Yo cuando estoy cerca de una persona que siento que me juzga, no abro mi corazón. No me siento cómoda, ni segura junto a esa persona, y procuro no acercarme a ella.

*"Hermanos, no os quejéis unos contra otros, para que no seáis juzgados; mirad, el Juez está a las puertas" LBLA. Santiago 5:9.*

Dios siempre escucha nuestro hombre interior y conoce las intenciones del corazón. Jesús sabía lo que había en el hombre, conocía la incredulidad del corazón, cuando alguien le juzgaba. (Ver Marcos 2:8, Juan 2:24).

La palabra de Dios nos enseña, y hace un énfasis a las mujeres, que nuestro adorno no sea únicamente los peinados ostentosos, ni ornamentos de oro, o prendas de vestir exuberantes. Que la belleza no termine ahí, sino que sea mucho más.

La escritura habla de la persona interna, la del corazón. Su adorno el amor y la humildad es una belleza que no caduca, que es permanente e incorruptible. El espíritu tranquilo, tierno, quieto, apacible, gentil y suave, que es precioso a los ojos de Dios.

## La levadura de los fariseos.

Jesús nos exhorta a cuidarnos de la "levadura de los fariseos, que es la hipocresía". Un hipócrita para Jesús es aquel que juzga a su prójimo, y pasa por alto sus propios errores. (Ver Mateo 7).

La hipocresía (juzgar al prójimo) puede llevarse en el hombre interior o en palabras directas. Aunque nuestro juicio en contra de un hermano sea en lo oculto del corazón, Jesús dice en Lucas 12: Nada hay encubierto que no haya de descubrirse; ni oculto, que no haya de saberse. Jesús nos dice que todo lo que hablemos en tinieblas, a la luz se oirá; y lo que hablemos al oído se proclamará en las azoteas.

Jesús no juzga a nadie, ni tomo nunca parte en juicios en contra de ninguna persona. Jesús no juzga por lo que oye decir. Por ejemplo cuando todos acusaban a la mujer adúltera, Él nunca se dejó llevar por esos juicios, y aunque su pecado era verdadero, como hombre no la juzgó, sino que tuvo misericordia en vez de juicio y la liberó.

La humildad a los ojos de Dios es un hombre interior quieto: que no juzga al prójimo, no busca sembrar discordia, ni tampoco desea desatar contienda. Una mente que busca pensar lo mejor de otros, esforzándose en tener pensamientos amorosos, amables, castos.

Un hombre interior que no busca devolver daño por daño ni injuria por injuria, sino, al contrario, confiriendo una bendición a su prójimo. El corazón humilde renuncia a su deseo de controlar o manipular a otros, a sacar ventaja o beneficio del hermano, renuncia a la venganza, a la mentira y al engaño.

# DIOS ES EL JUEZ

*Y los cielos declararán su justicia, Porque Dios es el juez.*
*Selah. Salmos 50:6 RVR1960*

## ❖ Dios es el Juez supremo.

Nuestro amado Juez, ama la justicia y odia la maldad. Es un Juez recto, sin ninguna injusticia en El. Lleno de fidelidad, misericordia y amor. El amor y la verdad son su estandarte, todos sus juicios son verdaderos y justos.

Nuestro Juez justo sostiene al afligido, defiende a la viuda y al huérfano, sostiene al triste, libra al oprimido de los que son más fuertes que él. El derecho de los pobres está delante de sus ojos para hacerles justicia.

Nuestro supremo Juez es imparcial en el juicio, no hace acepción de personas, lo mismo escucha al pequeño que al grande. No acepta sobornos ni regalos para emitir un juicio (porque un presente ciega a los que ven, y pervierte las palabras de los justos), no busca complacer a los poderosos ni a los hombres famosos. No busca favores de nadie, y está enojado con la maldad todos los días.

Es un juez que ejecuta juicio según la integridad de su mente y de su corazón, es lento para la ira y grande en misericordia. El defiende la causa de los indefensos y débiles oyendo su clamor, porque es misericordioso, y castiga a cualquiera que los aflige.

Nuestro Gran Juez Justo conoce los pensamientos y las intenciones del corazón, por lo cual no admite falso rumor, ni tampoco juzga por lo que oye decir. Abate todo soberbio y enaltecido, estando cerca del humilde.

Rechaza palabra de mentira, no justifica al impío ni tampoco condena al justo. No castiga al inocente ni pervierte el derecho de nadie. Su alma aborrece al que ama la violencia y jamás tuerce la justicia.

Nunca maldice, siempre bendice, no engaña a nadie, ni tampoco demora la justicia al afligido. Dios es quien libra de varón violento. Todos sus juicios son perfectos, y todos son para rectitud, derecho y justicia.

## ❖ Dios es el juez de toda la tierra.

(Ver Génesis 18:25)

*"Jehová está en pie para litigar, y está para juzgar a los pueblos"* Isaías 3:13 RVR1960

El Señor y Dios, el Gran Juez de toda la tierra juzga a los pueblos con un juicio justo. Se sienta en Su trono juzgando con justicia. A uno humilla y a otro ensalza. Distingue entre el justo y el impío, entre el que sirve a Dios y el que no le sirve.

Sus ojos examinan a todos los hijos de los hombres, conoce la intención de los corazones. No rechaza al íntegro y no sostiene a malhechores. Al justo como al impío juzga: *"decid al justo que le irá bien, porque el fruto de sus obras comerá, mas ¡Ay del impío! Le irá mal, porque lo que él merece se le hará" (Isaías 3:10-11 RVR1960).*

Dios trae toda obra a juicio, juntamente con toda cosa encubierta, sea buena o sea mala. El señor premia conforme a justicia, y defiende la causa del afligido contra una nación impía, librando del hombre engañoso e injusto.

Todos algún día compareceremos ante el tribunal de Cristo y seremos recompensados o no según las obras que hayamos hecho. El juez de toda la tierra hace justicia, rectitud y derecho. Dios Juzga al mundo con justicia y con equidad ejecuta juicio sobre los pueblos.

# JUICIO DE DIOS

*"A medianoche me levanto para alabarte por tus justos juicios".*
*Salmos 119:62 RVR1960*

## ❖ Cada palabra de Dios es un juicio a favor de los hijos de Dios.

**Cada palabra de Dios es un juicio,** un veredicto irrevocable, una expresión inapelable de justicia divina, un decreto lleno de verdad que nada ni nadie puede invalidar jamás.

### Cada palabra de Dios es un juicio recto.

*"Justo eres tú oh Jehová, Y rectos tus juicios" Salmos 119:138 RVR1960.*

*"Te alabaré con rectitud de corazón cuando aprendiere tus justos juicios" Salmos 119:7RVR1960*

Cada juicio recto de Dios trae rectitud al corazón y a toda situación. Cada juicio (palabra) de Dios endereza cualquier camino torcido, pues es El quien endereza y hace rectos nuestros caminos. Los juicios justos de Dios rellenan todo valle, rebajan todo monte, y hacen que todo camino áspero se vuelva llano y recto. *(Lucas 3:5)* La palabra de Dios es recta sobre todas las cosas, trae rectitud a todo camino y a toda circunstancia.

## Cada palabra de Dios es un juicio verdadero.

*"Y oí al altar, que decía: Sí, oh Señor Dios Todopoderoso, verdaderos y justos son tus juicios." Apocalipsis 16:7RVR1960*

Cada palabra (juicio) de Dios es una verdad. La verdad es la palabra de Dios. El juicio de Dios es la palabra de verdad. Cada verdad escrita es un juicio. Los juicios de Dios son todos verdaderos. *"Escogí el camino de la verdad; He puesto tus juicios delante de mí" Salmos 119:30 RVR1960*.

## Cada palabra de Dios es un juicio bueno.

*"Quita de mí el oprobio que he temido, porque buenos son tus juicios" Salmos 119:39 RVR1960*

Toda la palabra de Dios está llena de bondad porque Dios es bueno. La palabra de Dios es una expresión de la voluntad de Dios que es buena. De cada palabra de Dios el humano espera algo bueno. Cada juicio de Dios es bondadoso con el hombre, pues Dios ama al hombre de tal manera que entregó a Su único Hijo.

## Cada palabra de Dios es un juicio agradable:

*"Hacer justicia y juicio es a Jehová más agradable que sacrificio" Proverbios 21:3 RVR1960*

El hablar la palabra de Dios es hablar los juicios justos de Dios. El declarar la palabra de Dios es declarar la justicia de Dios. Esto es a Dios un sacrificio agradable que ofrecemos voluntariamente con nuestra boca. *"Te ruego, oh Jehová que te sean agradables los sacrificios voluntarios de mi boca, Y me enseñes tus juicios" Salmos 119:108 RVR1960.*

## Cada palabra de Dios es un juicio a nuestro favor.

*"Levántate, oh Jehová, en tu ira; Álzate en contra de la furia de mis angustiadores, Y despierta en favor mío el juicio que mandaste" Salmos 7:6.RVR1960*

El día que Jesucristo murió hubo un juicio. Este juicio fue declarado a favor de todo aquel que cree en Jesucristo. Dios desea favorecer al humano. Jesucristo es el medio por el cual alcanzamos Su favor. Toda angustia que nos ataque está vencida, pues Dios ha declarado justos juicios a nuestro favor para librarnos de toda angustia que quiera atrapar nuestra alma. ¿A quién temeremos? Si Dios a nuestro favor, ¿Quién contra nosotros?

## Cada palabra de Dios es un juicio que expulsa la maldad del corazón del hombre.

*"Quebranta tú el brazo del inicuo, Y persigue la maldad del malo hasta que no halles ninguna" Salmos 10:15.RVR1960*

La palabra de Dios es un juicio que trae corrección al corazón, cada palabra de Dios es un juicio que amonesta al hombre como un hijo amado para limpiarlo de toda maldad. Cada juicio de Dios es una vara que azota la espalda del necio para librarlo de su necedad. Dios ha enviado sus juicios para que el hombre no muera por falta de corrección; pues Dios desea librar al hombre de errores ocultos a los propios ojos. *"Tu siervo es además amonestado con ellos; en guardarlos hay grande galardón". Salmos 19:11 RVR1960*

## Cada palabra de Dios es un juicio dulce y deseable.

*"Los juicios de Jehová son verdad, todos justos. Deseables son más que el oro, y más que mucho oro afinado; Y dulces más que miel, y que la que destila del panal". Salmos 19:9-10.RVR1960*

Cada palabra de Dios es un juicio que hace dulce la vida del humano a pesar de tanta adversidad que enfrenta en la tierra. Cada juicio de Dios le da alegría al corazón, quita toda amargura endulzando su manera de pensar.

Cada palabra de Dios es un juicio más valioso que el oro, pues todo lo que se puede lograr con la palabra de Dios es imposible lograrlo con dinero, ni las muchas ganancias dan al hombre la libertad, el amor, la sanidad y la calidad de vida que otorga Dios al humano que ama su palabra y medita en ella continuamente.

## Cada palabra de Dios es un juicio que alegra el corazón y la vida.

*"Alegría es para el justo el hacer juicio" Proverbios 21:15 RVR1960.*

Cada palabra de Dios es un juicio que quita la ansiedad y la preocupación del corazón del hombre y lo llena de alegría. Cada juicio de Dios quita el temor y el afán, llenándonos de paz y felicidad. La palabra de Dios sana al corazón adolorido y quebrantado. Los juicios de Dios son banquete continuo de alegría. La tristeza del mundo produce muerte, pero la palabra de Dios es vida y alegría al corazón.

## Cada palabra de Dios es un juicio que protege al humilde, al más pequeño e indefenso y al desamparado.

*"El deseo de los humildes oíste, oh Jehová; Tú dispones su corazón, y haces atento tu oído, Para juzgar al huérfano y al oprimido"* Salmos 10:18. RVR1960

Cada palabra de Dios es un juicio a favor de los niños, de los huérfanos, de las viudas, y de todo desamparado. De cada juicio de Dios los desamparados, los humildes, los huérfanos esperan justicia. Es bueno recibir el juicio justo y bueno de Dios. La palabra de Dios es buena y misericordiosa. Los humildes de la tierra no tienen miedo a ser juzgados por Dios, pues Dios hace atento Su oído para juzgar al huérfano y a todo oprimido para que sean librados y protegidos. Por la opresión de los pobres y el gemido de los menesterosos, Dios se levanta y pone a salvo al que por ello suspira (Ver Salmos 12)

## Cada palabra de Dios es un juicio que tiene la finalidad de librarnos de toda violencia.

*"A fin de que no vuelva más a hacer violencia el hombre de la tierra"* Salmos 10:18 RVR1960

Dios aborrece la violencia. Su alma aborrece la mano que derrama sangre inocente. Dios está enojado contra la violencia todos los días. Cada palabra de Dios es un juicio que nos protege, nos llena de paz y nos libra de violencia. Sus justos juicios nos libran de los hombres malignos y violentos. Sus justos juicios desbaratan toda conspiración de hombres armados, y Dios esparce a los pueblos que se complacen en la guerra. Dios es justo y ama la justicia. *"El que me libra de mis enemigos, Y aun me eleva sobre los que se levantan contra mí; Me libraste de varón violento" Salmos 18:48 RVR1960*

## Cada palabra de Dios es un juicio que consuela al hombre.

*"Me acordé, oh Jehová, de tus juicios antiguos, Y me consolé" Salmos 119:52.RVR1960*

Los justos juicios de Dios consuelan al hombre. Los juicios de Dios no son malos, pues nada malo puede servir de consuelo. Toda la biblia está llena de testimonios de las maravillas que hace Dios para los que confían en El y guardan su palabra. De Su misericordia está llena la tierra. Cada libro de la biblia cuenta las misericordias que Dios ha tenido con sus hijos. Todo el bien que el juicio de Dios ha hecho con sus siervos está escrito con fidelidad. Todos sus testimonios son un recuerdo de que Dios es bueno y bienhechor con los humanos, y consuela al hombre en sus aflicciones. *"Recordad las maravillas que Él ha hecho, sus prodigios y los juicios de su boca," Salmos 105:5 RVR1960*

## Cada palabra de Dios es un juicio que nos vivifica

*"Oye mi voz conforme a tu misericordia; Oh Jehová, vivifícame conforme a tu juicio" Salmos 119:149 RVR1960.*

Las aflicciones y los problemas que vivimos en este mundo, a veces pueden traer pensamientos depresivos a nuestra mente. La meditación en la palabra de Dios (los juicios de Dios) vivifica el alma y la sustenta, al librar de la angustia del corazón. Los juicios de Dios renuevan las fuerzas y la esperanza, reaniman y consuelan a su pueblo exhausto. Cada palabra de Dios es un juicio que defiende nuestra causa, nos redime y nos vivifica con sus muchas misericordias.

## Cada palabra de Dios es un juicio que nos llena de justicia divina.

*"Siete veces al día te alabo a causa de tus justos juicios" Salmos 119:164 RVR1960.*

Cada palabra de Dios es justicia. Del juicio de Dios nosotros siempre esperamos justicia divina, eterna y verdadera. Cada palabra de Dios es un juicio que ha sido escrito con justicia y fidelidad. Dios es amante de la justicia. *"Justicia y juicio son el fundamento de tu trono: Misericordia y verdad van delante de tu rostro". Salmos 89:14 RVR1960.*

## Cada palabra de Dios es un juicio enviado a ayudarnos siempre.

*"Viva mi alma y te alabe, y tus juicios me ayuden" Salmos 119:175 RVR1960*

Todas las veces que clamamos a Dios pidiendo ayuda, Su respuesta es: "siempre te ayudaré" (Ver Isaías 41:10) Cada palabra de Dios es un juicio enviado a ayudarnos en todo, a prosperar todos nuestros caminos, a protegernos en todo, pues su palabra nunca vuelve vacía, sino que hace aquello para lo cual fue enviada.

## Cada palabra de Dios es un juicio en contra de los enemigos del hombre.

*"¿Cuántos son los días de tu siervo? ¿Cuándo harás juicio contra los que me persiguen? Salmos 119:84.RVR1960*

Cada palabra de Dios es un juicio que libra al humano de sus verdaderos enemigos: la tristeza; la pobreza; la enfermedad y la muerte. Cuando Jesús veía a un enfermo emitía un justo juicio y lo sanaba, cuando Jesús se enfrentó con la muerte de Lázaro habló una palabra (un justo juicio) y lo resucito, cuando Jesús se enfrentó con la carencia, emitió un justo juicio y alimentó a multitudes. Cada juicio que Dios habla, expulsa al enemigo y llena de justicia divina al hombre.

## Cada palabra de Dios es un juicio enviado a nosotros por amor.

Cada palabra de Dios es un juicio que nos llena de justicia divina y felicidad en esta tierra. Cada juicio justo fue hablado por amor. Dios no guarda silencio, y emite palabras y justos juicios para librarnos de toda atadura, para sanarnos de toda enfermedad, para llenarnos de gozo y de felicidad, sus juicios expresan su amor por nosotros. Sus juicios son fieles y eternos. El justo juicio de Dios hace resplandecer en nuestra vida toda la justicia divina. *"Por amor de Sion no callaré, y por amor de Jerusalén no me estaré quieto, hasta que salga su justicia como resplandor, y su salvación se encienda como antorcha". Isaías 62:1 LBLA*

Por amor a nosotros, Dios nos obsequia su palabra. No guarda silencio y declara justos juicios sobre nosotros, pues El desea que todos tengan vida en justicia abundante y que ningún ser humano perezca.

## Cada palabra de Dios es un juicio para redención.

"Sion será redimida con juicio, y sus arrepentidos con justicia." Isaías 1:27 LBLA

La palara de Dios es salvación y redención por gracia. El evangelio es el poder de Dios para la salvación de todo aquel que cree. La humanidad desfallece por recibir la palabra de salvación. La palabra de Dios es un juicio que redime al hombre para que reciba justicia eterna.

## Cada palabra de Dios es un juicio eterno.

"La suma de tu palabra es verdad, Y eterno es todo juicio de tu justicia" Salmos 119:160 RVR1960.

La palabra de Dios permanece para siempre. Con sus palabras Dios creó los cielos y la tierra, y ellos subsisten hasta hoy. La justicia de Dios es justicia eterna. Cada palabra de Dios es un veredicto verdadero y nada ni nadie puede invalidar las palabras que Dios ha hablado. Sus palabras son eternas.

## Cada palabra de Dios es un juicio de paz.

Estas son las cosas que habéis de hacer: Hablad verdad cada cual con su prójimo; juzgad según la verdad y lo conducente a la paz en vuestras puertas. Zacarías 8:16 RVR1960.

Jesús nunca habló mentira, y nunca juzgó a nadie según la carne. Los Apóstoles se vieron tentados de juzgar a un hombre según la carne. Ellos cuestionaron la ceguera de un hombre culpándolo de pecado: "Rabí, ¿quién pecó, éste o sus padres, para que haya nacido ciego? Juan 9:2 RVR1960.Jesús los reprendió, enseñándoles que todo era para la gloria de Dios. Las apariencias son engañosas, y sólo Dios conoce los corazones. Jesús no juzga por lo que oye decir. El prefiere la misericordia antes que el juicio en contra de un ser humano. Jesús sólo hablaba las palabras de Su Padre. Sólo los justos juicios de Dios salían de los labios de Jesucristo. Cada de Dios llenaba de Juicio a los hombres expulsando demonios, enfermedades, carencias y muerte. Por esto nos decía que sus Juicios son verdaderos. Cada palabra de Dios es un juicio verdadero, un juicio de paz.

**De cada juicio de Dios nosotros esperamos justicia.**

Cada palabra de Dios juzga la maldad, la enfermedad, la pobreza, la tristeza, la angustia, la muerte y llena de justicia al humano. **El objetivo de cada juicio de Dios es llenar de justicia divina toda la tierra.**

Lecturas relacionadas: Salmos.

# JESUS VINO A EJECUTAR EL JUICIO EN LA TIERRA A FAVOR DE LOS HIJOS DE DIOS.

*"Y le dio autoridad para ejecutar juicio, porque es El Hijo del Hombre." Juan 5:27 LBLA*

Ejecutar significa hacer, realizar una cosa o dar cumplimiento a un proyecto.La palabra de Dios hecha carne (Jesucristo) vino a juzgar la tierra.

*"Y Jesús dijo: Yo vine a este mundo para juicio". Juan 9:39 LBLA*

Jesucristo trajo justicia al mundo, matando al enemigo impío y al derecho que tenía la maldad de reinar en la tierra. Por lo tanto cada juicio (palabra) de Dios trae rectitud a nuestros caminos y circunstancias. Dios, El Soberano Juez de toda la tierra, envía cada palabra a traer rectitud (juicio) a nuestras vidas, y su palabra no vuelve vacía. Proverbios 3:6 nos confirma que es Dios mediante sus justos juicios enderaza nuestros caminos.

# ❖ De cada palabra de Dios nosotros recibimos toda justicia y restitución de todos nuestros derechos.

Cuando Jesús habitó entre nosotros, cada palabra que Él hablaba era un juicio que otorgaba la justicia al afligido, al enfermo, al ciego, al pobre, al muerto, quitando legalmente el derecho que tenía el adversario impío y la maldad sobre los humanos.

**Dios Padre otorgó toda la autoridad a Jesucristo**, el Hijo del Hombre para ejecutar juicio en la tierra, y todo juicio se lo ha confiado a Su Hijo (ver Juan 5:22).

Jesús vino a este mundo para juicio (ver Juan 9:39) para que los que no ven, reciban la vista, para abrir los oídos de los sordos, para perdonar pecados, para sanar los corazones afligidos.

**Jesús con toda la autoridad de Juez** de vivos y muertos, habló al paralítico diciendo: "tus pecados te son perdonados", toma tu lecho y camina.

Cristo juzga al mundo en justicia y con equidad ejecuta juicio sobre los pueblos.

**De todo juicio (palabra) de Jesucristo nosotros esperamos justicia**: *"Sion será rescatada con juicio, y los convertidos de ella con justicia" Isaías 1:27 RVR1960.*

# EL JUICIO DE ESTE MUNDO

"Ahora es el juicio de este mundo; ahora el príncipe de este mundo será echado fuera". Juan 12:31 RVR60

De acuerdo a estas palabras que Jesús hablo, el juicio es expulsar el demonio y la maldad de un lugar o situación. De acuerdo a estas palabras el juicio de este mundo no es contra nosotros, sino, contra el diablo. Lejos de Dios está el matar al justo con el impío ni tratarlos de la misma manera,

Desde el principio de la creación, el enemigo, buscó dividir y sembrar discordia en la relación que tenían el ser humano y Dios. Por esto, el diablo sembró el pecado en el corazón del hombre, y de esta manera pudo alejar al ser humano de la justicia divina.

Esto trajo como consecuencia la injusticia en la tierra.

Desde entonces, el enemigo ha trabajado para generar toda clase de injusticia en esta tierra: maltrato, abuso, esclavitud, hambre, enfermedad, pobreza, soledad, indiferencia, odio, pleitos, violencia, muerte…

En esto consiste el reino de este mundo, llamado también "el reino pecador". Dios nos habla a través del profeta Amos (Ver Amos 9:8) diciéndonos "He aquí los ojos del Señor Jehová están contra el reino pecador, y yo lo asolaré de la faz de la tierra".

Jesús vino a deshacer las obras del diablo (ver 1 juan 3:8), y trajo con su muerte y resurrección justicia verdadera a la tierra, ahora somos libres de vivir fuera de toda injusticia del mundo. Este es el juicio de Dios sobre este mundo.

Cuando recibes a Jesús como tu Señor y Salvador, en ese momento eres librado de toda la autoridad del enemigo y del dominio reino de las tinieblas sobre ti, y eres trasladado al Reino de los Cielos, bajo la autoridad de Jesucristo y el dominio de Dios. "Porque Él nos libró del dominio (de la autoridad) de las tinieblas y nos trasladó al reino de Su Hijo amado". Colosenses 1:13 NHBL

Cuando Jesús fue crucificado ocurrió un juicio. Este resultado del juicio fue el perdón y el favor de Dios sobre los creyentes en Jesucristo, y la ira de Dios sobre los que no creen en Jesús, El Salvador y Mesías.

Con esto puedes ver que el juicio de Dios es contra el enemigo de este mundo y no contra sus hijos. El veredicto del juicio siempre es en contra del enemigo que te hace sufrir, que engaña a las personas, que las mata, y las enferma. El jucio de este mundo es en contra del impío, del enemigo que siembra discordias entre hermanos y causa división, envidias, contiendas, injusticias, guerra.

## El veredicto del juicio de este mundo es a favor de quien cree en Jesucristo

El juicio de este mundo no es contra ti, porque Dios siempre te ha amado y porque crees en Jesucristo, Dios ya te ha perdonado.

Dios desea que todos los seres humanos sean librados de la autoridad del enemigo y del reino de las tinieblas para que dejen de sufrir y disfruten de la plenitud, la felicidad y la vida abundante que Dios ofrece gratuitamente a los que creen en Él.

La intención del juicio de este mundo no es contra los humanos. Dios sabe que ningún ser humano puede justificarse delante de Dios, y por esto Dios respondiendo con justicia Él se castigó por nosotros. Su Hijo Jesucristo fue juzgado en nuestro lugar. "Respóndeme por tu verdad, por tu justicia. Y no entres en juicio con tu siervo; porque no se justificará delante de ti ningún ser humano" Salmo 143:2 RVR1960.

Dios trae juicio para expulsar al diablo de este mundo, de tu vida, y quitar para siempre la maldad que el enemigo ha sembrado contra ti. El juicio expulsa de tu vida toda injusticia para que tú seas feliz.

¡Dios es bueno!

Jesús fue azotado, fue castigado, fue muerto en nuestro lugar. El pagó el precio de nuestra maldad. Toda condena Él la llevó y bajó al infierno. Fue castigado en la peor parte del infierno. Lleno de dolor sufrió lo inimaginable, consumando el pago por el pecado de la humanidad.

Al tercer día, por única vez en la eternidad hubo luz en la obscuridad. El Espíritu Santo llenó a Jesucristo y por única vez hubo luz en el infierno. Satanás y su ejército pudieron ver claramente su estado lleno de podredumbre. Fueron exhibidos a la luz de Jesucristo. Se dieron cuenta de la bajeza de su condición, de su pestilencia, de su maldad. Y su derrota fue visible a la luz de Jesucristo.

Jesús resucitó y se apareció a sus santos. La alegría llenó sus corazones. Jesús ministró, enseñó, convocó y dio instrucciones a su iglesia.

Jesús subió al Padre. Llegó al tribunal celestial. Los libros fueron abiertos, (Ver Daniel 7:10). A Jesucristo le fue dado el dominio sempiterno, la gloria, el Reino de los cielos.

Se hizo justicia a favor de los santos del Altísimo, y entonces los santos tomaron posesión del Reino de los Cielos. El tribunal se sentó para juzgar al enemigo impío que afligía a los santos, e incluso vencía a algunos, y su dominio le fue aniquilado, quitado y destruido para siempre.

# JUICIO EN CONTRA DE LOS ENEMIGOS

❖ **¿A quiénes debemos considerar enemigos?**

**Nuestros enemigos nunca son las personas**. A todas las personas las ama Dios, y por todas murió Jesucristo.

**Nuestro enemigo verdadero** está bien descrito en la palabra para poder ser reconocido, hace todo lo que Dios aborrece. Nuestro enemigo el diablo, Satanás, la serpiente antigua es nuestro enemigo porque desea robar, matar y destruir al humano en todos los aspectos de la vida.

- Engaña, da falso testimonio.
- Siembra discordia entre hermanos.
- Causa enfermedad.
- Causa la muerte física y espiritual.
- Causa destrucción.
- Causa confusión.
- Busca ser adorado, establece idolatría en el corazón de los hombres.
- Padre de hechicerías, herejías.

- Ataca con perversión sexual.
- Se manifiesta con todo tipo de pecado con la intención de atraer mayor maldición y abrir más puertas para que entren demonios peores de depresión, inseguridad, miedo, enfermedad, desesperación, pobreza, angustia y sufrimiento al ser humano.
- Busca hacer sufrir al ser humano en todo.
- Ataca a los niños desde antes de nacer, y en edades muy tempranas como podemos ver la primera vez con la matanza de los niños por parte del faraón de Egipto, con la instrucción que da a las parteras: Si es varón ¡mátenlo! Y también vemos cuando el rey Herodes mandó matar a los niños menores de dos años como resultado directo de la persecución a Jesús recién nacido.
- El enemigo corrompe familias, autoridades, tuerce la ley y la palabra.

Pablo lo dijo: No tenemos lucha contra carne y sangre, sino contra principados, potestades y huestes del mal.

## Los enemigos de los que habla la biblia no son las personas. Nunca son las personas, siempre es el demonio.

Dios ama a todas las personas del mundo, no sólo al pueblo Judío: Tanto amó Dios al mundo. Dios ama al pecador, pero aborrece al pecado, tanto como una madre ama a su niño enfermo pero aborrece la enfermedad.

## ❖ ¿Cuál es la actitud de Dios contra el enemigo que quiere hacernos sufrir?

Dios muestra TODA SU INDIGNACIÓN contra el enemigo del ser humano. Como lo describe el *salmo 18:4-17* cuando el hombre clama a Dios lleno de angustia para ser librado del enemigo que lo aflige.

En este salmo, la respuesta de Dios es descrita como una palabra que hace que la tierra se estremezca y tiemble, los cimientos de los montes sean sacudidos por Su indignación.

Dios se acerca al hombre volando sobre un querubín, desvaneciendo nubes densas. Truena en los cielos y Dios Altísimo da su voz, causando granizo y carbones encendidos, confundiendo al enemigo y dispersándolo.

Dios extiende Su mano y toma al hombre angustiado, lo saca de las aguas de la aflicción que quieren ahogarlo, y libra al humano de su enemigo que era más fuerte que el: *"Me libró de mi poderoso enemigo, y de los que me aborrecían, pues eran más fuertes que yo". Salmos 18:17 RVR1960.*

### Dios indignado, libera al hombre.

Ya que por razones del pacto que Dios había establecido al principio (dándole toda la autoridad de la tierra a Adán) tenía que ser un ser humano, hijo de Adán, quien cerrara la puerta al demonio, para ya no tener ningún derecho sobre el hombre.

Este ser humano debía ser totalmente obediente a la ley, y jamás haber pecado para poder lograr vencer al demonio.

Y también debía ofrecer el sacrificio perfecto que borrara todo pecado del ser humano pasado, presente y futuro para lograr liberar completamente la humanidad.

Esto, era imposible para nosotros, sólo Dios mismo lo podía lograr, como está escrito: lo que es imposible para el hombre es posible para Dios. *(Ver Lucas 18:27)*

El amor tremendo de Dios y su dolor por nuestro sufrimiento, desde el primer momento de la caída del hombre, hizo que Él mismo deseara vencer al demonio que antes era más fuerte que nosotros:

Por esto, "Jesús el Verbo", es decir, la palabra de Dios que es Espíritu, tomo forma de humano "se hizo carne" y nació a través de una mujer, línea directa de Adán, para poder realizar el trabajo de salvación, y cerrarle la puerta al demonio para que no tenga ningún derecho sobre nosotros.

# JUICIO EN CONTRA
# DE LA MALDAD.

## ❖ Sodoma y Gomorra

Abraham fue escogido por Dios porque enseñaría a sus hijos y a todos los que vivían bajo su liderazgo a vivir en Juicio y Justicia.

Lot era sobrino de Abram y por alguna razón vivía en su casa. Lot tenía un gran maestro de la fe que era Abram. Lot aprendió de Abram el juicio y la justicia divina.

Lot aprendió a caminar por fe; a tener una comunión verdadera con Dios. Lot aprendió a conocer a Dios mediante las enseñanzas de Abram. Lot tenía el conocimiento acerca de cuál era la manera correcta de invocar a Dios y de agradarle. Todo gracias a su maestro Abram.

Lot también se enriqueció y aprendió a escuchar la voz de Dios en su diario caminar. Aprendió a diferenciar el bien del mal, y a cuidar su corazón. En casa de Abram honrar a Dios era lo primero cada día.

Abram era un hombre cuidadoso de inculcar, enseñar y transmitir las enseñanzas que Dios le había dado. Era importante que todos en su casa tuvieran el conocimiento del amor, la bondad de Dios y la verdad.

Caminar por fe era cuestión de todos los días. Incertidumbre para algunos, certeza para otros. Vivir por lo que se cree y no por lo que se ve suena sencillo pero no siempre es fácil...

*Tal vez no era fácil para Lot creer en un Dios que tardaba casi un siglo en darle un hijo tan deseado a su pariente Abram.*

*Tal vez Lot llegó a dudar que Dios realmente respaldara a Abram y hasta creyó que su viejo pariente alucinaba.*

*Tal vez Lot quiso hacer entrar en razón a su pariente. Abram debía aceptar que su esposa ya era anciana y por lo tanto era imposible que tuviera un hijo propio. Es posible que Lot haya sugerido primero y varias veces otra solución más real y práctica a la esterilidad de Sara; como por ejemplo, que tal vez el hijo de Abram pudiera llegar de alguna sierva que fuera joven, sana y fértil.*

*Tal vez Lot platicó con algún médico o un sabio para encargarle una medicina que aminorara la locura de su pariente Abram quien parecía tener "visiones" y quien además "escuchaba claramente" la voz de Dios.*

*Tal vez Lot pensó que todo esto era necedad de Abram. Había que ser realistas, pero el viejo pariente simplemente parecía ignorar toda la verdad y los hechos. No escuchaba a Lot cuando le presentaba pruebas físicas de una vejez y esterilidad incuestionable.*

*Tal vez Lot llegó a la conclusión de que esperar la promesa de Dios era una pérdida de tiempo, de recursos y de tiempo.*

Años, décadas y nada. El cuerpo de Abram se envejecía cada vez más, pero su creencia en que Dios le había dado ciertas promesas parecía estar más firme que nunca

Finalmente Lot era un hombre joven y no deseaba esperar a ser un anciano como Abram para poder disfrutar de las delicias de la vida. Andar vagando por el campo viviendo en tiendas cuando puedes tener una casa propia.

Un joven Lot cansado de llevar una aburrida vida de santidad cuando la fama de ciudades cercanas que le podían ofrecer verdadera riqueza y diversión. Todo esto agotó la paciencia de Lot y de los hombres bajo su liderazgo.

*Tal vez por todo esto Lot se cansó de la manera de caminar de Dios y no enseñó a sus hijos ni a sus trabajadores a buscar honrar a Dios de corazón. Las enseñanzas de Abram ya eran tediosas para él. Su corazón ya estaba deseando cosas más carnales.*

*Seguramente Lot ya había enviado a sus siervos a investigar y habían encontrado algunas ciudades cercanas que ofrecían una mejor vida para un joven Lot lleno de energía y de ganas de vivir la vida.*

*Ya era difícil reírse del viejo cuando hablaba de la promesa que Dios le había dado acerca de tener un hijo.*

*Además, para que quedarse con un viejito aburrido sonriente que trata amablemente a sus siervos, y no piensa en otra cosa que no sea portarse "bien", y tener limpio el corazón.*

*Tal vez el joven Lot deseaba realmente "vivir su vida".*

La única razón por la que Lot permanecía ahí era porque Abram era su pariente; pero en realidad Lot dejó de ser un discípulo de Abram.

Finalmente, llegó el momento en el cual aunque eran familia y caminaban juntos ya no había armonía. Ya sus pensamientos iban a direcciones opuestas. Sus corazones no adoraban a Dios al unísono.

*Ahora, los que vivían bajo el liderazgo de Lot ya no comprendían la manera de pensar y de actuar de todas las personas que vivían bajo el liderazgo de Abram.*

Estas fricciones no permitieron que se encontrara una mejor solución a la escasez de alimento para todos que la división. Una solución en justicia hubiera sido muy distinta pues la justicia divina siempre provee al hombre de todo lo que le falta.

Pero Abram no retuvo a la fuerza a Lot. Abram pudo ver que su sobrino Lot ya no estaba cómodo bajo su liderazgo y entonces le pidió que no hubiera contienda entre ellos, puesto que eran parientes cercanos.

Abram le propuso y le dio la oportunidad de alejarse de él si así lo quería.

> *Lot pudo haberse quedado por amor a Abram, por amor a sus enseñanzas, por el interés de aprender a vivir por fe y a conocer a Dios. Así como Ruth la moabita quiso quedarse con su suegra como un acto de amor y porque ella era una mujer que conocía a Dios y le enseñaba de su palabra.*

> *Lot pudo haber deseado quedarse bajo el liderazgo de Abram para seguir aprendiendo más de Dios. Pero no quiso y Lot se alejó*

> *Lot por su propia voluntad abandonó la manera de caminar de Dios y rechazó las interesantes y profundas enseñanzas de Abraham. Lot tenía otros planes. Lot ya no quiso seguir viviendo en tiendas en el campo.*

> *Cuando Lot alzó sus ojos para iniciar su nueva vida separado de Abram, las ciudades de Sodoma y Gomorra que eran lujosas, ricas y famosas y llamaron su atención.*

El amplio y agradable camino que llevaba a la perdición fue muy atractivo a los ojos de Lot y de sus siervos quienes lo apoyaban.

Lot puso sus tiendas afuera de una ciudad que ofrecía lo que el realmente deseaba. Poco a poco se fue integrando a la ciudad hasta que se estableció ahí y se hizo de una casa.

Lot entonces vivió una tremenda transformación. De vivir de una manera justa y de caminar por fe bajo el liderazgo de

Abram, ahora Lot vivía cómodamente dentro de una ciudad llena de pecado y de cosas abominables a los ojos de Dios.

Lot se había establecido en una ciudad llena de maldad y no parecía buscar irse de ahí. Sino que permitió que incluso sus hijas se comprometieran a casarse con hombres de esa ciudad; comprometiendo a la maldad toda su descendencia.

> *Ocurrió que durante una guerra Lot fue atrapado y todos sus bienes robados. Abram acudió a la guerra con únicamente 318 hombres que vivían en su casa, bajo su liderazgo y quienes eran sus discípulos. Acudieron a la guerra por fe, pero la batalla fue de Dios quien les dio la victoria.*

De esta manera Abram lo rescató a él, a los hombres y mujeres cautivos y a todas sus posesiones. Pero ni esta victoria pudo traer arrepentimiento al corazón de Lot. Ni siquiera llego alguna nostalgia de la justicia y de la fe que había conocido con su pariente Abram.

> *Lot pudo haberse disculpado con Abram, pudo haber extrañado su caminar con Dios. Lot pudo haber deseado cambiar su manera de pensar para regresar a la justicia que conocía.*

> *Pero esta prueba mostró que Lot deseaba seguir teniendo el tipo de vida que tenía en la ciudad de Sodoma. También esto mostró que no tenía interés de enseñarles a sus hijos y a su descendencia una mejor y más justa manera de vivir.*

*Así que Lot permaneció en la casa que había comprado en medio de una ciudad llena de perversión. El clamor de la abominable maldad de la ciudad de Sodoma y Gomorra llegó hasta el cielo, y Dios mismo descendió.*

Primero los tres varones celestiales, entre ellos Dios mismo, llegaron a la tienda de Abraham a bendecirlo, y a revelarle sus planes. Abraham preocupado por su pariente Lot, intercede por los justos que viven en una ciudad perversa. Es posible que Abraham pensaba en su corazón. ¿Quizá serán 50 los discípulos de Lot? -Seguramente Lot les habló del Señor y todos los que viven bajo su liderazgo ya sean justos -. La amable respuesta de Dios a esta oración de intercesión redujo progresivamente el número de justos esperados. 40, 30, 20, 10… Hasta que Abraham entendió que el único justo era Lot, y no había trabajado por expandir a los demás hombres la verdad de las palabras del Dios vivo.

## ❖ Una extraña mezcla de misericordia y juicio.

*"hago misericordia a millares"… Deuteronomio 5:10 RVR1960*

En el capítulo de Génesis 19 podemos leer la manera en que la misericordia y el juicio se entrelazan. Juicio en contra de la maldad, y misericordia para el justo que se había olvidado de su Dios.

El justo Lot, que había descuidado y pervertido su corazón. El justo Lot que se aburrió de caminar por fe, y había buscado los placeres del mundo. El justo Lot que no le interesó enseñar de Dios a su familia, y se acostumbró a vivir cómodamente a la manera de una Sodoma pervertida.

Era evidente que Lot ya ni siquiera se acordaba de su Dios, era evidente que su corazón estaba completamente desviado, pero El Eterno Dios jamás se olvidó de Lot, el que alguna vez con el corazón lleno de amor elevó sus brazos al cielo en adoración.

El juicio en contra de la maldad era inapelable. La puerta abierta a la maldad estaba a punto de ejecutar toda maldición sobre la ciudad.

Dios con el corazón inflamado de misericordia por Lot, su oveja perdida, bajo personalmente y llegó hasta las puertas de su casa para librarlo del mal. Lot ya había conocido a Dios, así que cuando llegó a buscarlo, Lot reconoció a su Señor.

Lot entendió el juicio inminente y la destrucción de la ciudad. Esta vez sintió la prisa de evangelizar a su familia y a sus "yernos" (que probablemente por homosexualidad nunca habían consumado el matrimonio con sus hijas).

> *Los esposos de sus hijas se burlaron de Lot. Tal vez esto también pareció extraño a su familia, pues su testimonio y su manera de vivir cada día no daban señas de preocupación por lo espiritual.*

> *Lot jamás se había preocupado de tener autoridad espiritual en su casa, ni tampoco había cuidado su testimonio de vida. La rareza de sus palabras solo causo burlas de un Lot que súbitamente apareció "muy espiritual".*

Haciendo una lista de las malas decisiones que tomó Lot, sabríamos que no merecía ser salvado. Nos daríamos cuenta de que ya había preferido tomar las costumbres y la vida que existía en Sodoma, pues llamaba "hermanos" a los ciudadanos. Tan famoso era Lot en esa ciudad que todos sabían cuál era su casa.

**Aunque el corazón de Lot se había torcido y se había desviado, Dios no se había olvidado de él por amor a su siervo Abraham**.

La misericordia de Dios por los justos es eterna. Desde la eternidad hasta la eternidad sobre los que le temen, sin importar las malas decisiones, las crisis personales, el mal testimonio, la influencia del mundo.

Dios prefiere una vida de santidad para todo justo, pero a veces los justos se dejan llevar por pasiones carnales, por la tristeza, por el despecho. A veces se olvidan del Dios verdadero, pero El Eterno jamás se olvida de sus justos.

*En medio de un juicio en contra de la maldad, un juicio de los más destructivos, El Buen Pastor desciende y va por su oveja perdida. Dios libra a su justo Lot, dándole la mano y guiándolo paso a paso para que no se lastime en medio del castigo y destrucción de la ciudad.*

*Fuego y azufre cayeron del cielo, y un horno encendido consumió la ciudad. Pero Dios rescató a Lot por la eterna misericordia que tiene para con los justos.*

**Pero la misericordia del SEÑOR es desde la eternidad hasta la eternidad, para los que Le temen, Y su justicia para los hijos de los hijos.** *Salmos 103:17. NBLH*

# JUSTICIA

## ❖ Justicia humana

**Definición de justicia humana**: Los grandes filósofos y estudiosos no se han puesto completamente de acuerdo acerca de una definición que incluya todos los aspectos de la justicia.

La Axiología Jurídica o Teoría de la Justicia establece que la "justicia" es el valor más importante del derecho. La justicia involucra todo el bien que le corresponde a un ser humano: paz, bienestar, prosperidad, felicidad, salud, igualdad, libertad en todos los aspectos de la vida (libertad política, libertad de expresión, libertad de poseer, libertad frente a cualquier presión psicológica, agresión física o integridad de la persona, libertad ante cualquier arresto arbitrario etc) según Rawls, (Teoría de la Justicia).

## ❖ Justicia divina

Dios reina.

Su reino, está fundamentado en juicio y en justicia. "**Justicia y juicio son el cimiento de Su trono.**" Salmos 97:2 RVR60

Cimiento: Es de donde comienza o se arranca cualquier estructura, y de ellos depende la estabilidad de la estructura. Si el cimiento falla, falla la estructura. El mejor cimiento es el que se asienta sobre una roca.

El juicio y la justicia son el lugar donde se asienta el trono de Dios, pues es un Dios que ama la justicia y juzga la maldad.

**La justicia divina es** el trato justo que se le da a todo ser humano en el cielo. En el cielo, a toda persona se le da un trato amoroso. Ahí los niños están a salvo en los brazos del Padre, no hay hambre, no hay muerte ni enfermedad, no hay violencia ni esclavitud. Nadie es pobre, nadie está solo ni triste. Todos son amados, y viven en armonía disfrutando la prosperidad del Padre Celestial. Nunca hay carencia de recursos. Esta es la voluntad perfecta de Dios. Esta es la justicia divina.

Toda persona una vez que entra al Reino de los Cielos, merece este trato justo. Esto es lo justo para un ser humano. Esta vida abundante que se vive en el cielo es la justicia divina, y Jesús vino a traer a la tierra esta manera de vivir.

En el cielo es imposible que entre cualquier tipo de maldad, ni tampoco absolutamente ningún tipo de enfermedad, tristeza, depresión, pobreza, hambruna o carencia.

*Es la voluntad de Dios que vivamos así, por esto trajo a la tierra El Reino de los Cielos.* "Porque el reino de Dios no es comida ni bebida, sino justicia y paz y gozo en el Espíritu Santo". Romanos 14:17 RVR60

En la tierra la justicia divina llega a nosotros mediante el juicio de Dios: pues cada palabra de Dios es un juicio, un veredicto justo y verdadero, y de cada juicio de Dios nosotros esperamos recibir justicia.

Jesús vino a ejecutar el juicio a la tierra y a cumplir toda justicia, para que sea en la tierra así como es en el cielo. Bíblicamente la justicia de Dios, es la vida abundante que vino a traer Jesucristo del cielo a la tierra. Esta vida abundante se le da libremente a todo aquel que cree.

Esto quiere decir que al creer en Jesús, la persona está lista para recibir toda la justicia divina, o la vida abundante que promete Jesús en la escritura.

## ❖ JUSTICIA HUMANA V.S. JUSTICIA DIVINA

**La justicia humana** nunca va a poder pagar al agraviado todo su dolor. Es imposible que la justicia humana pueda pagar el dolor de la pérdida de un ser querido, el dolor de una infancia en sufrimiento, el dolor de un abuso, el dolor de la pobreza, el dolor del maltrato, el dolor del fracaso.

La justicia humana no tiene la capacidad de hacer pagar a un malhechor por el mal que ha hecho. No puede hacer que un mal gobierno compense todo el dolor y pobreza que ha causado. No tiene la posibilidad de hacer que un violento devuelva la vida, la salud o la alegría a quien ha dañado.

La justicia humana tiene un límite, puede ser engañada, sobornada, puede juzgar por lo que escucha decir a los demás o por lo que ve, pero realmente no conoce las intenciones del corazón.

La justicia humana se ciega con un regalo, se doblega en temor ante un humano poderoso, busca favores de los hombres grandes y famosos.

La justicia humana castiga al malhechor pero no lo transforma, la justicia humana compensa a la víctima pero no la restaura.

La justicia humana trata de devolver lo robado pero no puede sanar el dolor del corazón.

La justicia humana obedece a leyes a veces mal planteadas, a veces injustas, a veces caducas.

La justicia humana enriquece a uno para empobrecer a muchos.

**La justicia divina** es una justicia restaurativa que restituye y reivindica al humano.

La justicia divina comienza por el perdón de Dios. La humanidad malhechora nunca podría pagar a Dios por todo el dolor, toda lo perdido, todo lo robado, toda la desobediencia, y todo el daño que ha causado.

La justicia divina perdona para iniciar una restauración. El perdón es el primer paso para restaurar a un agraviado y restituir todo el dolor y el daño.

La justicia divina restaura a un malhechor, y lo lleva a tener un corazón tan arrepentido que transforma su vida, sus pensamientos, perdona su pasado, y corta la raíz de maldad de corazón.

La justicia divina cumple los propósitos de Dios en los humanos, sanando a la víctima y al malhechor al mismo tiempo.

La justicia divina enriquece a todos sin empobrecer a nadie.

La justicia divina llega por el poder de justicia que hay en la palabra de Dios. Cada palabra de Dios es un juicio justo, un veredicto verdadero, inapelable que siempre da fruto de justicia, de rectitud, de bien, de sanidad, de restauración.

La palabra de Dios devuelve mil veces lo robado y hace de las bendiciones algo heredable.

La justicia de Dios es para todos, sin acepción de personas, no puede ser engañada, sobornada, torcida, doblegada o robada.

La justicia de Dios es perfecta y embellece la vida de quien la recibe para siempre, trae la reivindicación de todos los derechos que Dios dio al humano llenándolo de un verdadero gozo, amor y felicidad eterna.

La justicia de Dios nos da todo por añadidura.

## ❖ Con justicia serás adornada...

"Con justicia serás adornada; estarás lejos de opresión, porque no temerás; y del terror, porque no se acercará a ti". Isaías 54:14 RVR1960

Dios habla a su pueblo con una hermosa promesa, diciéndole: **Con justicia serás adornada.**

Un adorno, es algo agradable y atractivo que embellece a una persona. Un adorno salta a la vista por que suele tener un color diferente al fondo donde está colocado, tiene una forma especial, elegancia, geometría, brillo, fragancia, puede ser sencillo o exuberante, pero siempre se distingue de todo lo que viste a una persona.

Hoy nuestro Padre Celestial nos embellece y nos adorna con su justicia.

Esto nos lleva a pensar que la justicia de Dios es diferente a todo lo que nos rodea en este mundo. Este adorno de justicia es agradable, atractivo, un lujo que nos embellece. La justicia divina es para nosotros algo que nos distingue de los demás.

Otras traducciones mencionan que en justicia somos establecidos con firmes cimientos en justicia.

En realidad este versículo del libro de Isaías desafía toda traducción, porque utiliza la expresión justicia, la cual expresa amor, misericordia, favor, gracia, perdón, amabilidad, bondad, ternura y paciencia en una sola palabra.

Este mismo versículo termina describiendo el fruto de este adorno y cimiento de justicia que Dios ha puesto en nosotros: la tiranía estará lejos de su pueblo, pues ya no estamos bajo la autoridad del enemigo. Todos nuestros enemigos estarán lejos de nosotros. Vivimos bajo el dominio de la paz auténtica. El terror ha sido removido de nuestras vidas, por lo cual nada tenemos que temer.

## ❖ ¿En qué consiste la justicia que Jesús nos ha dado?

La justicia divina protege todos los aspectos de la vida de un individuo, otorgando:

I. Adopción inmediata como hijo de Dios (se elimina toda orfandad).

II. Perdón absoluto de toda falta y pecado (se elimina toda culpa y condenación).

III. Derecho de vivir en el cielo para toda la eternidad.

IV. Derecho de habitar en la tierra y tener una vida deleitosa.

V. Misericordia divina y bondad amorosa.

VI. Herencia disponible para utilizar en cualquier momento de esta vida terrenal.

VII. Ayuda, guía y orientación en todo momento por parte del Espíritu Santo.

VIII. Salud (se elimina toda enfermedad).

IX. Prosperidad (se elimina toda carencia).

X. Libertad (se elimina toda atadura).

XI. Felicidad plena.

XII. Resolución de problemas

XIII. Reparación de daños físicos o emocionales de la persona.

XIV. Restauración familiar.

XV. Plenitud.

XVI. Realización personal

XVII. Materialización de los deseos más profundos del corazón.

XVIII. Buen fruto.

XIX. Autoridad

XX. Protección

XXI. Acceso a la presencia de Dios

XXII. Defensa contra los enemigos.

XXIII. Ser librados de todo mal.

# DERECHOS LEGALES EN EL REINO DE LOS CIELOS.

❖ **La muerte en cruz de Jesucristo nos obsequió derechos legales celestiales a todo ser humano que crea en El.**

La muerte de Jesús como cordero sacrificial en la cruz logró regresarnos todos los derechos que el ser humano tenía originalmente en el paraíso. Dios ahora nos garantiza estos derechos de manera gratuita para el ser humano que crea en El. La totalidad del precio ya fue pagada por Jesucristo.

El día que Jesús murió hubo un juicio, donde Dios juzga al demonio y le es quitada su autoridad en este mundo. Jesús profetizó esto antes de morir:

En este juicio, Dios declara el veredicto a favor de la humanidad que cree en Jesús. Este juicio a nuestro favor, nos hace dueños de los siguientes derechos:

    I.  Derecho a la vida eterna.

   II.  Derecho a ser perdonado.

III. Derecho a ser llamado hijos de Dios.

IV. Derecho a ser sanado de toda enfermedad.

V. Derecho a ser protegido.

VI. Derecho a ser prosperado.

VII. Derecho a ser ayudado en todo.

VIII. Derecho a ser fortalecido.

IX. Derecho a ser feliz.

X. Derecho a ser liberado.

XI. Derecho a ser bendecido.

XII. Derecho de ser apartado o santificado.

XIII. Derecho a ser completado (lleno de poder y paz).

XIV. Derecho a ser dotado de sabiduría.

XV. Derecho a ser heredero del Reino de los Cielos.

XVI. Derecho a acercarse a Dios.

## ❖ Derecho a la vida eterna

Adán por su pecado, causó que el ser humano perdiera el derecho de la vida eterna, y tenía que regresar al polvo. "Polvo eres y en polvo te convertirás"*( Ver Génesis 3:19 )* Pero Jesús todo lo cambió para su gloria. Jesús nos dijo: "Yo he venido para que tengan vida, El que cree en mí, tiene vida eterna". *Ver Juan 10:10, Juan 6:47*

Ahora quien cree en Jesús ha pasado de muerte a vida, y jamás morirá sino que tiene entrada directa a la vida eterna, que es en los brazos de Dios en el cielo. Ya no tenemos que volver al polvo, ahora tenemos vida en Jesucristo. Hemos sido levantados del polvo y sentados en lugares de honor junto con Cristo.

# ❖ Derecho a ser perdonado

La muerte de Jesús pago de sobra todos nuestros pecados, y nos hizo justos. Dios mismo borro nuestros pecados para siempre. Cuando Dios perdona olvida para siempre la ofensa, esto por amor a sí mismo. Nos alejó del pecado como está alejado el oriente del occidente, es imposible unirlos otra vez.

Si Dios te ha perdonado, ya no hay quien te pueda acusar. Si Dios te ha justificado, no hay juez que te pueda condenar. Estas limpio de pecado ahora. La culpa, la condenación y el miedo no vienen de Dios.

Lectura sugerida: Isaías 43:25; *Isaías 44:22; Isaías 1:18; Hebreos 8:12; Salmos 103:12.*

# ❖ Derecho a ser llamado hijo de Dios

*Mas a todos los que le recibieron, a los que creen en su nombre, les dio potestad de ser hechos hijos de Dios. Juan 1:12 RVR1960*

Creer en Jesús es recibirlo. Recibirlo es convertirse en un hijo de Dios. A esto se le llama nacer de nuevo. Jesús nos ha dicho: Es necesario que nazcas de nuevo para entrar en el Reino de los Cielos

Por esto ya no somos extraños si no hijos de Dios porque hemos nacido directamente de Él. Ahora somos exactamente iguales a Él, pero somos completamente dependientes de Él.

Jesús nos hace nacer de Él mismo, porque Él es el agua viva o agua de la vida. Nunca más nos llamaremos nacidos del polvo, sino nacidos del agua viva Nunca más regresaremos al polvo, sino que regresaremos a la casa de nuestro Padre en el cielo.

Hemos sido levantados junto con Jesucristo, del polvo a la vida eterna porque es Dios quien levanta al humilde y lo hace sentar en lugares de honor

Somos hijos legítimos de Dios porque nacimos del agua viva que es Jesucristo. Una persona que ha nacido de Jesús, permanece para siempre con Dios.

Lectura sugerida: Juan 3:5-6; Juan 8:35NBLH

## ❖ Derecho a ser sanados de toda enfermedad

Al perdonar Jesús todos tus pecados, la enfermedad pierde derecho sobre ti inmediatamente: Él es el que perdona todas tus iniquidades, el *que sana todas tus enfermedades. Salmo 103:3 LBLA*

La enfermedad es parte de la maldición que existía en la tierra por la desobediencia del hombre.

La enfermedad es un enemigo de nosotros por lo cual también es enemiga de Dios. Dios no manda enfermedades. Jesús llevó en la cruz el peso de toda enfermedad para vencerla.

Jesús odia la enfermedad, el nunca enfermó a nadie, Él siempre quiso sanar a todos, y así como ayer, Jesús hoy quiere que seamos personas sanas.

El perdón de pecados que trajo Jesús a la tierra, hizo justas a las personas. Jesús inactivó toda maldición y nos llenó de justicia. Esta justicia trae salud, porque la enfermedad fue originalmente consecuencia del pecado

Meditar continuamente en sus palabras nos otorga una sanidad mental y emocional que posteriormente se convierte en sanidad física e integral: Él envió su palabra y los sanó y los libró de la muerte. *Salmos 107:20 LBA*

La voluntad de Dios para nosotros es la salud. Nunca Dios ha deseado la enfermedad ni tampoco el infortunio en el humano. Dios siempre amo sanar a su pueblo ayer así como hoy. Jesús es el mismo ayer hoy y por los siglos de los siglos.

Un leproso se le acercó a Jesús y se arrodilló delante de Él. El hombre enfermo le dijo: -Señor, si tú quieres, puedes sanarme- Y Jesús contestó: sí quiero. Y aquel hombre fue sanado en ese mismo momento.

Dios es el mismo ayer, hoy y por los siglos. Si esta misma pregunta se la realizamos hoy, su respuesta es: Sí quiero sanarte. Así que esta escritura se sigue cumpliendo el día de hoy en la tierra. Jesús, el escogido de Dios, sigue haciendo bien y sanando a todos los oprimidos, porque el favor de Dios Padre está con Él, y los dos son uno mismo

Lectura sugerida: Mateo 9:5; Isaías 53:5; Mateo 8:1-4.*Hechos 10:38; Malaquías 4:2.*

## ❖ Derecho a ser protegido

Dios siempre ha manifestado su naturaleza protectora para con los humanos. El pueblo escogido de Dios son todos aquellos que creen en Él, y han recibido el regalo de la cruz de Jesús.

La escritura habla del cerco de protección que ha puesto alrededor de su pueblo: *"Por detrás y por delante me has cercado, y tu mano pusiste sobre mí"*. Salmos *LBLA*

Todo aquel que ama a Dios tiene una protección divina activada por la fe, y derribada por el temor. Dios ha prometido que Él defiende y cuida a su pueblo de todo mal, evitándoles caer en trampas, terrores, enfermedades, muerte, males, pestes. Toda la protección que Dios brinda, está hermosamente plasmada en el Salmo 91:14-16 NVI El Señor *DICE: «RESCATARÉ A LOS QUE ME AMAN; protegeré a los que confían en mi nombre. Cuando me llamen, yo les responderé; estaré con ellos en medio de las dificultades. Los rescataré y los honraré. Los recompensaré con una larga vida y les daré mi salvación».*

Lectura sugerida: *Proverbios 29:25,* Salmos 34:7; *Salmos 91.*

## ❖ Derecho a ser prosperado en todo.

Dios se deleita en la prosperidad del humano. El promete que quien medita en Sus palabras de día y de noche obtendrán prosperidad en todo lo que hagan y les ira bien.

Dios desea la prosperidad del hombre. Los humanos que han seguido a Dios como Abraham, Isaac, Jacob, José, David, Daniel, etc se han caracterizado por ser muy prósperos.

Jesús al quitar toda la maldición del pecado sobre nosotros, automáticamente nos rodea la bendición de la obediencia. Los que se acercan a Dios a través de Jesús, tienen todas las bendiciones de la obediencia y la misma bendición y prosperidad de Abraham. Dios promete que Él bendice toda obra de tus manos CON LA MISMA BENDICIÓN DE ABRAHAM. Su mano está sobre la tuya, y le sirve de sombra

La pobreza en la tierra es originalmente resultado de la maldición. Esto involucra una mente baja y carente en recursos y soluciones. Una mente derrotada que se da fácilmente por vencida. La pobreza en la tierra también es resultado de la falta de consciencia de muchos gobernantes que no tienen ninguna sabiduría para edificar al pueblo. La pobreza del mundo es contraria a la voluntad de Dios, y es originada por la maldad del mundo. Dios no envía escasez de recursos, sino por el contrario Él es El Dios de la Abundancia

La pobreza en la tierra no se cura con dinero. La bendición de Dios es la que enriquece verdaderamente y no añade ningún mal o afán. Jesús nos ha librado del poder de la maldición, y sus palabras renuevan nuestra mente para que nuestros caminos cambien de la maldición a la bendición de Dios.

En la lógica del reino de los cielos, para ser prósperos en la tierra debemos ser humildes en espíritu, es decir, pobres en ESPÍRITU, no en mente. La palabra pobreza de espíritu, se refiere a: aquellos que reconocen su necesidad espiritual de Dios para todas las cosas. El estar consciente de la necesidad espiritual de Dios es la verdadera humildad: *"Pero que el hermano de condición humilde se gloríe en su alta posición"*. *Santiago 1:9 LBLA*

La fidelidad de Dios es tan grande, que Él no te dejará hasta darte todo lo que te ha prometido. Los que se acercan a Dios a través de Jesús, tienen el mismo favor y prosperidad que tuvo José quien aunque llegó como esclavo a Egipto, terminó siendo gobernante.

Las personas que no buscan a Dios por falta de interés, por no sentir la necesidad de buscarlo, o por tener una vida aparentemente completa se les conoce como **soberbios**: *"Soy rico, me he enriquecido y de nada tengo necesidad"* Apocalipsis *3:17 LBLA*

Hay personas que sí buscan a Dios, pero se sienten indignos de pedirle ayuda, por el engaño de la poca autoestima y del rechazo, piensan que tal vez Dios está muy ocupado, y no tiene tiempo para asuntos pequeños o triviales. A esto se le conoce como **FALSA HUMILDAD**.

La verdadera humildad reconoce que separados de Dios nada pueden hacer. Ni siquiera algo pequeño. *"Y dejaré en medio de ti **un pueblo humilde y pobre (en espíritu)**, que se refugiará en el nombre del SEÑOR"*. Ver *Sofonías 3:12 LBLA*.

Dios ama la humildad de espíritu, y nos ha dejado claro que esta debe ser nuestra actitud delante de Él y de Sus palabras. El rechazo a sus palabras es una soberbia y arrogancia que nos llevan a toda maldad. La soberbia y la arrogancia fueron los pecados de Moab y de Sodoma, que no quisieron alcanzar la misericordia de Dios, porque escogieron el orgullo y el rechazo a los caminos de Dios.

La pobreza de espíritu nada tiene que ver con la carencia de recursos. Al contrario, quien es más pobre en espíritu es más rico en fe, y al reconocer a Dios como su proveedor, nada le falta. El pobre de Espíritu cree y recibe las palabras de Dios para poder enriquecer su manera de pensar y su sabiduría. Esto es el inicio de toda prosperidad.

El que es pobre en espíritu, y reconoce su necesidad de Dios, prospera en todas las cosas, porque en todo momento confía en Dios y ha renovado su mente hacia la bendición y la sabiduría.

Jesús vino a traer buenas noticias a los pobres en espíritu: La buena noticia es que los caminos de Dios siempre llevan a la prosperidad, y sólo falta creer en Él, quien desde siempre, nos ha dicho que es nuestro proveedor. Su carácter de proveedor se revela por primera vez en Génesis 22:14 cuando Abraham fue el proveedor de un carnero para el sacrificio en lugar de su hijo Isaac. Y Abraham llamó a aquel lugar Yahveh-jireh (que significa «el Señor proveerá»). Hasta el día de hoy, la gente todavía usa ese nombre como proverbio: "En el monte del Señor será provisto".

Los que se acercan a Dios a través de Jesús, tienen el mismo favor y prosperidad que tuvo David quien fue prosperado en todo lo que él hacía. La prosperidad no solo se manifiesta con dinero, sino también con caminos exitosos que llevan al bien y a la bendición.

Lectura sugerida: Génesis 22:14; Deuteronomio 30:9 Salmos 1; Isaías 66:2; Santiago 4:6; Salmos 101:5; Jeremías 48:29; Ezequiel 16:49; Lucas 4:18.

## ❖ Derecho a ser ayudado en todo

SIEMPRE TE AYUDARÉ, te dice El Señor en Isaías 41:10. Esta es la hermosa respuesta de Dios para todo aquel que le pide ayuda. De Dios podemos tener la expectativa de que El desea ayudarnos siempre.

<u>Siempre espera ayuda fuerte</u> de Dios para TODAS LAS COSAS, nunca ayuda débil. El ser ayudado en todo, también es parte de la prosperidad. Tus decisiones están respaldadas por la bendición de Dios.

En toda la historia de la salvación, podemos leer que siempre que el hombre rogaba a Dios por ayuda, el resultado era que Dios intervenía y los ayudaba. Y todas las veces que el humano pedía misericordia, el resultado era misericordia.

Dios tiene un brazo muy fuerte para ayudar y es su deseo ayudarnos. Su respuesta y ayuda no siempre es exactamente como nosotros nos imaginamos pues Él es mucho más inteligente y sabio, así que seguramente te sorprenderá más de una vez su manera de actuar.

Pero su respuesta es clara. Siempre te ayudaré.

## ❖ Derecho a ser fortalecido

Desde la antigüedad, Dios nos hace saber que Él es la fuente de la cual renovamos nuestras fuerzas. Confiar en Él es obtener fuerza para enfrentar cada día y cada situación.

Su fuerza es un regalo gratuito que obtenemos a través de la sangre de Jesús. Esta renovación de fuerza la recibimos por fe, a través de su palabra. Dios promete llenarnos de fuerza para lograr CUALQUIER COSA en la unción de Jesús, porque para Dios todo es posible. La puerta es la confianza en Él y la certeza de que Sus palabras son verdad siempre. El promete dar fuerzas renovadas ante cualquier situación difícil y extrema que pueda agotarnos.

Siéntete siempre sostenido por Él en todos los aspectos de tu vida, porque él dijo que te sostiene con brazo fuerte, y él te llena de fuerza. Él nunca llega tarde, siempre te esfuerza en el momento oportuno. En Dios está la fortaleza de los siglos.

*"De ti proceden la riqueza y el honor; tú reinas sobre todo y en tu mano están el poder y la fortaleza, y en tu mano está engrandecer y fortalecer a todos" 1Crónicas 29:12 LBLA*

Lectura sugerida: Isaías 26:4; *Isaías 12:2; Joel 3:10; Job 12:16;* Filipenses 4:13; *Colosenses 1:11; Isaías 40:31 y 45:24.*

## ❖ Derecho a ser feliz

La alegría eterna es nuestra herencia. La voluntad de Dios es que seamos consolados. Él ha enjuagado cada lágrima nuestra con su palabra; ha cambiado nuestra depresión en danza, y nos ha prometido que si creemos a su palabra no lloraremos más Gracias a Jesús, que nos ha salvado, ya no cabe la tristeza en nuestras vidas, ni tampoco es algo que nos pueda pertenecer.

Eliminemos este engaño que nos limita, y nos impide tener una vida plena. El deseo del corazón de Dios es que todos los que creemos en Él seamos los más alegres del mundo.

Jesús sufrió todas nuestras tristezas y todos nuestros dolores, no solamente dolor físico, sino también sufrió el dolor del corazón. Cualquier circunstancia que haya roto tu corazón, Jesús ya lo sufrió, para sanar tu corazón y que seas plenamente feliz.

Dios vive para consolar a los tristes con su salvación y Sus palabras. Dios es la persona está CERCA DE TI SIEMPRE, de día y de noche y en tiempos de tristeza nunca se va, al contrario, y siempre los está ayudando en todo. Nunca te sientas solo, que si hay alguien que te cuida con mayor amor que una madre a su recién nacido, ese es Dios

Esto nos hace saber que la voluntad de Dios para nuestras vidas es que seamos felices y rechacemos toda tristeza y dolor del corazón. Él es quien venció estos enemigos nuestros para con su vida misma vendar nuestras heridas y sanarnos para vivir una vida plena.

Nuestro Dios nos consuela en toda angustia y dificultad nuestra, para que nosotros podamos consolar a los que están en cualquier aflicción con Sus mismas palabras y consuelos con que nosotros mismos hemos sido somos consolados por Dios.

Jesús el más alegre de todos, fue el ejemplo perfecto de una persona llena del Espíritu Santo. Él es el modelo a seguir. Él vivió movido por el Espíritu Santo en todo momento, y la palabra habla que por esta razón, siempre ha sido una persona muy alegre

Esta palabra nos hace saber que para los que creemos en Jesús, existe una alegría sobrenatural dada por Dios, que es mayor que cualquier circunstancia. Esta alegría es un fruto de la unción por el Espíritu Santo, para que sea glorificado Su nombre. Sólo es cuestión de pedir, creer y recibir de Jesús la alegría sobrenatural.

*"Volverán los rescatados del SEÑOR, entrarán en Sion <u>con gritos de júbilo, con alegría eterna</u> sobre sus cabezas. Gozo y alegría alcanzarán, y huirán la tristeza y el gemido". Isaías 35:10 LBLA*

Lectura sugerida *Lucas 4:18; 2 Corintios 1:4 y 7:6; Salmos 138:7; Salmos 34:18; Salmos 147:3; Salmos 45:7; Salmos 4:7; Salmos 30:11; Salmos 87:7; Isaías 61:2-3; Isaías 57:15 Romanos 15:13; Ester 9:22; Jeremías 31:13.*

## ❖ Derecho a ser liberado

*"Así que, si el Hijo los hace libres, ustedes serán realmente libres" Juan 8:36 NBLH*

Hemos sido llamados por Dios a ser libres. Al nacer de nuevo, nuestro espíritu es libre y perfecto inmediatamente. La libertad se debe lograr a nivel de nuestra alma, es decir, en nuestra CONCIENCIA Y RAZONAMIENTO que deben de ser libertados de todas las viejas enseñanzas.

La libertad de la conciencia y el razonamiento se logra con la renovación de nuestra manera de pensar.Cuando aceptamos la verdad de Dios como nuestra manera de pensar entonces quedamos libres de toda atadura y nada nos puede volver a esclavizar jamás.

# LIBERTAD EN TU CONCIENCIA:

## *CONCIENCIA DÉBIL*

El primer lugar donde se experimenta la verdadera libertad es a nivel de la conciencia. Desde que somos niños, la conciencia nos habla, de acuerdo a como ha sido enseñada.

Todo lo que nos han enseñado que es MALO, causa que nuestra conciencia nos repruebe. El problema es cuando hay errores en la educación y somos mal enseñados. Por ejemplo, si a una mujer le enseñan de niña que es pecado usar pantalón, el día que ella quiera usar uno, su conciencia le va a reclamar todo el tiempo que está pecando.

Otro ejemplo es quien fue enseñado que para agradar a Dios se debe vivir en pobreza y escasez de dinero y de recursos. Estas mentiras capturan nuestras conciencias y nos limitan vivir una vida plena.

Un ejemplo de atadura a nivel de la conciencia lo tenemos en la visión que tuvo Pedro. En esta visión Dios libera a Pedro de un prejuicio que constituía una atadura en su alma.

Y oyó una voz:-- Levántate, Pedro, mata y come-. Mas Pedro dijo: --De ninguna manera, Señor, porque yo jamás he comido nada impuro o inmundo-. De nuevo, por segunda vez, llegó a él una voz: --Lo que Dios ha limpiado, no lo llames tú impuro-. Hechos 10:13-15 LBLA

A nosotros, así como al pueblo Judío, Jesús vino a liberarnos de esta manera de pensar, y a invitarnos a reconsiderar todo aquello que por estar mal enseñados nos causa condenación: ¿Tienes tú fe? Tenla para contigo delante de Dios. ***Bienaventurado el que no se condena a sí mismo en lo que aprueba.*** Romanos 14:22 RVR1960.

La conciencia que se reprueba tanto a sí misma y como a otras personas por una mala enseñanza se le llama conciencia débil, y le reduce su confianza en acercarse a Dios. Jesús enseñó a sus discípulos a vivir libres de conciencias débiles, a rechazar la religiosidad y las tradiciones que imponen pecado y cargas en las personas fuera de la voluntad de Dios

Estamos llamados a tener conciencias fuertes, no débiles, rechazando toda religiosidad o tradición que imponga pecado o cargas donde Dios ha quitado o jamás ha puesto.

Lectura sugerida: *1 Corintios 8:7; 1 Juan 3:21; Romanos 14:2; Lucas 11:38; Marcos 7:2; Marcos 7:7; Hechos 10:28;* Juan 4:9; Colosenses 2:8.

## *CONCIENCIA DE TEMOR*

Jesús con su verdad, nos libera de tener una conciencia de temor. El temor hace que la conciencia confíe más en la mala suerte, en las malas cosas, en los accidentes, en las maldiciones que en la bendición de Dios y en Su protección divina. Estas conciencias llevan a la persona a vivir exactamente el mal que teme.

"Pues lo que temo viene sobre mí, y lo que me aterroriza me sucede". *Job 3:25 LBLA*

El temor es una aflicción que persigue como un verdugo a la persona temerosa, y le causa que viva el mal que contiene. *El miedo es lo contrario de la fe, el miedo es tener fe en lo malo.* Por esto es que Jesús insistía en todo momento en ser libres de temor, porque el temor desagrada a Dios, y es una puerta que siempre nos lleva al mal.

El temor, es la principal herramienta del demonio, y la usa sin piedad para quien le cree. La Fe, es la principal defensa del cristiano, y es a través de la Fe que Dios nos libra de todo mal, de toda circunstancia. Dios nos ha dejado muy claro en su palabra, que nuestra actitud ante las malas noticias, y ante el terrorismo en general debe ser de fe y no de miedo.

Lectura sugerida: *Job 30:15; Jeremías 1:8 y 1:19; Josué 1:5;* Isaías 8:12-13.

## *LIBRES DE UNA CONCIENCIA MALA, PECADORA*

Desde niños, cuando hacemos algo indebido, aunque pidamos perdón, la conciencia nos acusa.

Seguimos creciendo y conforme pasa la edad, cada falta, error o daño se sigue sumando a nuestra conciencia, hasta que voltear a ver al pasado nos pesa mucho, porque la conciencia nos acusa continuamente.

Jesús vino a darnos una conciencia libre de pecado, Él borra completamente tu pasado, tanto que cuando te acercas a Dios de todo tu corazón a través de Jesús, es como haber nacido otra vez y jamás tener un registro de pecado. Si Jesús nos ha limpiado, entonces somos limpios, puros, buenos. Creer esto es una decisión que agrada a Dios. Lo contrario es una mentira. Jesús nos ha lavado, porque Él es el agua viva, quien recibe a Jesús está limpio. Rechaza la mala conciencia que es un estorbo a tu libertad en Cristo.

Lectura sugerida: Isaías 1:18; *1 Timoteo 1:5 y 1:19; Hebreos 13:18 y 10:22;* Juan 15:3;

## *CONCIENCIA DE LIBRE DE ESCLAVITUD*

*"Estad, pues, firmes en la libertad con que Cristo nos hizo libres, y no estéis otra vez sujetos al yugo de esclavitud."* Gálatas 5:1 RVR1960

LIBERTAD A NUESTRO RAZONAMIENTO ESCLAVO DE LA LEY Y LA RELIGIOSIDAD.

En tiempos antiguos, la humanidad era esclava del pecado. Esta esclavitud la trajo la ley. El fariseísmo y la religiosidad, volvían más pesada la carga de la ley. Jesús les reclamaba esta situación, que alejaba aún más a las personas de Dios, nadie se quería acercar a Dios por lo difícil y pesado que era obedecer toda la ley. Por esto, Jesús vino a decirnos: vengan a mí todos los que están cansados y cargados por el peso de la ley y los pecados y yo los haré descansar.

Jesús nos invita a sentirnos libre del yugo de la ley y seguirlo a Él en el amor, porque su yugo es suave y su carga ligera, de esta manera encontramos un verdadero descanso de la carga de la ley y seremos libres de toda religiosidad.

Dios desea que nuestro razonamiento sea dirigido por la fe y no al revés. Nuestra mente ahora se debe sujetar a la fe en la verdad de Dios aunque en ocasiones todo parezca una locura (pues este razonamiento, el mundo no lo puede comprender, y lo juzga).

Ahora lee con cuidado las escrituras sugeridas acerca de la libertad y hazlas tuyas, para que seas liberado de otras voces (conciencia de miedo, de esclavitud, de religión, razonamiento del mundo) y que nada pueda competir con la voz de tu conciencia renovada

Lectura sugerida: *Mateo 11:28 y 23:4; Marcos 2:6-8; 1 Corintios 7:22; Romanos 6:14; 8:2 y 8:15; 1 Pedro 2:16.*

## ❖ Derecho a ser bendecido

Desde la creación del hombre encontramos las palabras: Y los bendijo Dios. (Génesis 1:28). Desde el principio hemos sido bendecidos por Dios, desde antes de nacer. Lo que Dios ya bendijo, nadie lo puede maldecir.

Ni todo el mal puede robarnos la bendición que Dios ya habló sobre nosotros. Dios en su infinito poder nos guarda bajo sus alas, en bendición. Abraham fue en su tiempo el hombre más bendecido, sobre toda la tierra, en todos los aspectos, gracias a la fe que tuvo en Dios.

La intención de Dios hacia el hombre siempre ha sido de bendición, el desea bendecir a todas las familias de la tierra a través de la fe en Jesús, que justifica a toda persona. Jesús, descendiente de Abraham, ha venido a bendecir a todas las familias de la tierra con toda bendición espiritual existente, y esta bendición incluye a mí familia y a tu familia.

Hoy, gracias a Jesús, hemos heredado las bendiciones de Abraham para nosotros. Somos coherederos con él de toda bendición existente, en la tierra y en el cielo.

Lectura sugerida: Génesis 28:14; Salmo 5:12; *Gálatas 3:8; 3:16 y 3:29;* Efesios 1:3.

Las bendiciones de Abraham ahora nos siguen, y todo lo que sea obra de nuestras manos será prosperada. La herencia de las promesas de la obediencia también es nuestra, gracias a que Jesús obedeció por nosotros. A ti hoy te corresponde todo lo escrito en Deuteronomio 28:

- Bendito serás tú DONDE QUIERA QUE TE ENCUENTRES (en la ciudad, y bendito tú en el campo).
- Benditos son TODOS TUS HIJOS Y LO QUE TE PERTENECE (el fruto de tu vientre, el fruto de tu tierra, el fruto de tus bestias, la cría de tus vacas y los rebaños de tus ovejas)
- Bendito es TU TRABAJO Y TODO LO QUE HAGAS (tu canasta y tu artesa de amasar).
- Bendito AL LUGAR A DONDE VAYAS (serás en tu entrar, y bendito en tu salir).
- Jehová derrotará a tus enemigos que se levantaren contra ti; por un camino saldrán contra ti, y por siete caminos huirán de delante de ti.

- Jehová te enviará su bendición sobre tus graneros, y sobre todo aquello en que pusieres tu mano; y te bendecirá en la tierra que Jehová tu Dios te da.

- Te confirmará Jehová por pueblo santo suyo, como te lo ha jurado, cuando guardares los mandamientos de Jehová tu Dios, y anduvieres en sus caminos.

- Te hará prosperar en bienes, en hijos, en todo tu fruto, y en todo lo que hagas

- Serás cabeza y no cola, primero y no último, estarás arriba y no abajo.

## ❖ Derecho a ser santificado o apartado

*"Por esa voluntad hemos sido santificados mediante la ofrenda del cuerpo de Jesucristo ofrecida una vez para siempre". Hebreos 10:10 NBLH*

La palabra santificar proviene de la palabra hebrea *"kadash"* *(strong 6942)* Que quiere decir apartar, o consagrar. Se utiliza en la escritura cada vez que Dios separa lo santo o de lo común y lo profano. En la palabra, la primera vez que observamos este hecho, es cuando Dios separa la luz de las tinieblas. *"Y vio Dios que la luz era buena y separó Dios la luz de las tinieblas". Génesis 1:4 LBLA*

De esta misma manera, nosotros hemos sido SEPARADOS DEL MUNDO o santificados, por haber creído en Jesús "Luz del mundo", y ahora, estamos separados de las tinieblas para ser exclusiva propiedad de Dios. Ahora somos pueblo santo para Dios y de Su exclusiva posesión de entre los pueblos que existen sobre la faz de la tierra.

En el antiguo testamento, lo santo se distinguía de lo profano, por su utilidad, ya que lo santo era para servicio exclusivo de Dios. El aceite de la unción y todos los utensilios que había en el tabernáculo como los vasos eran santos.

Debido a que los utensilios del tabernáculo estaban apartados para uso santo, y era prohibitivo usarlos para cosas comunes, Dios habla de Pablo como un instrumento escogido, apartado para el evangelio cuando Ananías le pregunta acerca de él.

De igual manera nosotros hemos sido limpiados con la sangre de Jesús, y esta purificación nos constituye instrumentos santificados, y para honra. Lo santo está descrito como apartado para el uso de Dios. No tiene uso común. Ahora gracias a Jesús, nosotros somos santos y en lo espiritual nos distinguimos de las tinieblas porque la luz de Jesús brilla en nosotros.

Nosotros al igual que Jesús hacemos cosas comunes de la vida diaria en santidad. También podemos apartar tiempo para servir en una iglesia, o bien apartarnos a nosotros mismos como Jesús hacía, para hacer oración, porque somos instrumentos apartados, santificados y útiles para Dios.

La santidad es dada por Jesús. Nadie más puede darte santidad. Tú no puedes ser santo por tus obras, ni aún con todo tu esfuerzo. El único que santifica es Dios, a través de Jesús. Esta santificación es gratuita si tú le crees. A esto se le llama GRACIA.

Jesús pagó nuestros pecados pasados, presentes y futuros. (Todavía no nacías cuando Jesús ya había pagado por tus pecados). Tener fe en hecho nos hace santos y justos delante de Dios. La santidad que Dios nos dio, es la santidad que debemos honrar.

La santidad, es un regalo gratuito (dado por gracia), que únicamente podemos recibir a través de confesar nuestra fe en Jesucristo, nuestro salvador. Esta santidad nos distingue del resto del mundo, igual que se distinguía Israel en el antiguo pacto del resto de las naciones en tres maneras.

1. La manera de comer.
2. La moralidad.
3. El rechazo a la idolatría.

La manera de comer del pueblo Israelí hasta la fecha los distingue del resto de las naciones en el mundo.

Hoy nuestra santidad se distingue en el mundo espiritual por la presencia de luz en nuestro espíritu, que es la luz de Espíritu de Dios en nosotros. Y en la tierra la santidad se distingue por:

1. La manera de hablar vida: Pues no es lo que entra en la boca lo que contamina al hombre; sino lo que sale de la boca, eso es lo que contamina al hombre.
2. La comunión con Dios
3. La confesión en voz alta y con todo su corazón que Jesús es el Señor y Salvador.

Así como se cuidaban de lo que comían, hoy debemos cuidarnos de lo que hablamos, para evitar caminos de aflicción y problema en nuestra vida. *"Se propuso Daniel en su corazón no contaminarse con los manjares del rey ni con el vino que él bebía, y pidió al jefe de los oficiales que le permitiera no contaminarse".* Daniel 1:8 LBLA

La comunión con Dios es importante. Jesús mismo se apartaba a orar y a tener una relación estrecha y personal con Dios. Santificarse es apartarse para Dios.

Propongámonos hoy, así como ayer lo hizo Daniel, no contaminarnos con una mala manera de hablar como lo hace el mundo, pide ayuda y sabiduría a Dios, y Él hará en ti. Hoy su iglesia distingue por la santidad dada por Dios, y los hermanos se reconocen entre sí por su manera de hablar. Dios nos obsequia sus palabras, que son como plata siete veces refinada, y nos purifican. Hemos sido llamados a utilizar sus palabras para ser purificados en nuestra manera de hablar.

Lectura sugerida: Deuteronomio 14:2; Éxodo 40:9; Hechos 9:15 y 10:15; 2 Timoteo 2:21; Lucas 5:16; *Romanos 3:24; 4:4-5 y 11:6.;* Mateo 15:11 y 26:73; *Santiago 3:6; 1 Tesalonicenses 4:7* LBLA

## ❖ Derecho a ser completado (lleno de poder y paz)

*"Y Jesús, dando un fuerte grito, expiró". Marcos 15:37 LBLA*

**Jesús no murió en paz**. Jesús murió dando un fuerte grito de terror: El terror de caer al infierno. En su lecho de muerte, Jesús clama el primer versículo del Salmo 22: *"Dios mío, Dios mío, ¿por qué me has abandonado?" RVR1960*

Cuando Jesús moría, estaba cargando con toda la maldición del pecado en él. Él como cabeza de familia tuvo que ver por su madre viuda. La tuvo que cambiar a otra familia para que ella no fuera heredera de la maldición que Jesús cargaba al morir, por esto la injertó en la familia de Juan.

Para mí una de las razones por las cuales Jesús no se casó y no tuvo hijos, es para no heredarles la maldición que Él cargó al morir. Él tuvo que morir con la carga de toda la maldición del pecado de TODA la humanidad, y la palabra describe a la maldición como heredable.

*"Castiga la iniquidad de los padres sobre los hijos y sobre los hijos de los hijos hasta la tercera y cuarta generación". Éxodo 34:7 LBLA*

Era tanta la maldición que Jesús echó sobre sus hombros que en ese momento debía ir al infierno en nuestro lugar. Jesús cae al infierno en la misma condición en la que muere, lleno de llagas, golpeado, en dolor, el tormento de la enfermedad, dolor, tristeza, desesperación y soledad continúan ahí, y aún peor…

Ahí en el infierno los espíritus no son sanados, no son rejuvenecidos, no encuentran paz, llegan igual de enfermos y de heridos como cuando murieron y se empeora su tormento y soledad.

Los demonios se burlaban de Él, lo maltrataban golpeándolo. Jesús sufrió toda la potencia de la maldición, del terror del infierno, los demonios disfrutaban atormentándolo, ahí no hay agua para refrescar la sed, no hay bálsamo de esperanza, se ha secado toda fuente de fortaleza.

En el infierno no hay paz, hay terror; No hay alivio, hay dolor. No hay compañía, hay soledad; No hay sabiduría, hay confusión; No hay saciedad, hay sed y hambre; No hay fragancia, hay pestilencia. Ni siquiera el aire es respirable. El piso es lodo y no hay roca firme donde apoyar los pies.

Por esto Jesús advertía a sus apóstoles antes de morir: *A donde yo voy ustedes no pueden ir...* El desea librarnos de todo el tormento del infierno, por esto Él quiso morir en terror, para que nosotros tuviéramos paz eternamente. Él fue atormentado para que nosotros seamos libres de temor, y que el temor no pueda acercarse a nosotros ni a nuestros hijos.

Jesús en medio de sus tormentos, alababa a Dios, porque sabía que iba a ser librado, y el anuncia que cuando Él fuera resucitado por El Espíritu Santo, cumpliría sus promesas a sus santos, y habitaría en medio de ellos en la congregación: *"Anunciaré tu nombre a mis hermanos; entre tu pueblo reunido te alabaré. Te alabaré en la gran asamblea; cumpliré mis promesas en presencia de los que te adoran. Salmo 22:22 y 25 RVR1960.*

Habiendo pagado todo el castigo del infierno para librarnos a nosotros, hoy Jesús ha cumplido su promesa de paz para nosotros, una paz que sobrepasa todo entendimiento, y hemos heredado toda bendición y paz. Por esto, Jesús es hoy nuestro Príncipe de Paz.

Gracias al sacrificio que hizo Jesús por nosotros, ya no nos corresponde una muerte en terror, sino en paz. Desde esta tierra Jesús nos ha dado su paz para que nuestro corazón no sea turbado ni tampoco tenga miedo. Hoy nos corresponde el derecho de la paz es en todas las áreas de nuestra vida desde ahora y para toda la eternidad. Amén.

*Lectura sugerida: Salmo 22;* Juan 14:27; *Juan 16:33; Juan 20:21; Salmos 29:11.*

## ❖ Derecho a ser dotado de sabiduría de lo alto

"Y si alguno de vosotros tiene falta de sabiduría, pídala a Dios, el cual da a todos abundantemente y sin reproche, y le será dada". Santiago 1:5 RVR1960

La sabiduría celestial, es dada a los hijos de Dios. Esta sabiduría es muy diferente de la sabiduría del mundo ya que proviene de Dios y no es enseñada por hombres.

Un ejemplo es Noé, quien caminaba con Dios. Noé construyo el arca más impresionante, reforzada y revolucionaria de su tiempo, sin haber aprendido de hombres, sino que la enseñanza que recibió fue originada de escuchar cuidadosamente las instrucciones recibidas directamente de Dios.

El arca tenía tres cubiertas, o plantas y contaba con varios compartimientos, una puerta lateral. Noé siguió instrucciones específicas para la iluminación del arca. Tenía una superficie total de 3,200 metros cuadrados aproximadamente.

El arca estaba reforzada, con estructura de madera resinosa probablemente madera de Ciprés que es muy resistente al agua.

La madera estaba impermeabilizada, o sellada con alquitrán, por dentro y por fuera (ver Génesis 6:14-16).

La misión que Dios le asignó a Noé es muy difícil para la sabiduría del mundo, aún en el día de hoy y con la tecnología moderna, no es fácil hacer un arca que albergue a tantos animales en buenas condiciones.

Este ejemplo es una gran enseñanza para nosotros. Hoy sabemos que nuestro Padre Celestial le gusta darnos de su sabiduría y conocimiento a toda persona para resolver cualquier situación que se presente en este planeta.

Lectura sugerida: *Santiago 3:17; Proverbios 2:6;* Eclesiastés 2:26; Daniel 1:17 y 2:21; 1 Corintios 12:8; Génesis 1:26.

## ❖ Derecho a ser herederos del Reino de los Cielos

*Pero los santos del Altísimo recibirán el reino y poseerán el reino para siempre, por los siglos de los siglos. Daniel 7:18 LBLA*

Jesús nos enseña que el Reino de los Cielos nos ha sido dado de la mano del Padre Celestial, porque esto le ha agradado. (Ver Lucas 12:32).

El Reino de los Cielos es una herencia que va más allá de nuestro entendimiento, y se recibe por fe en Dios y en sus promesas que nos brindan provisión y solución a cualquier aspecto de nuestra vida.

Jesús trajo el Reino de los Cielos a la tierra, y todo creyente puede evolucionar a moverse en el plano celestial desde la vida terrenal. Somos parte del Reino de los Cielos, donde Jesús es el Rey de Reyes y nosotros somos reyes con autoridad delegada.

En esta forma de gobierno que es el Reino de los Cielos, los hijos de Dios podemos pedir y nos es dado, tocar y nos es abierta la puerta, llamar y recibimos respuesta.

Lectura sugerida: Santiago 2:5; Mateo 5:3; Lucas 22:29; Romanos 8:17; 1 Tes 2:12; 2 Tes 1:5; 2: Pedro 1:11.

## ❖ Derecho de acercarse a Dios

En la antigüedad, Dios habitaba físicamente en el tabernáculo terrenal construido por manos hebreas. En lo más interno del tabernáculo existía un lugar cerrado por un velo llamado "Lugar Santísimo" donde estaba la presencia de Dios. **El velo separaba a los hombres de la presencia de Dios.** *(ver* **Éxodo 26:31**-*33)*

Al lugar santísimo donde estaba la presencia de Dios sólo podían entrar los sacerdotes. Ellos debían estar santificados con un sacrificio de sangre para considerarse limpios y presentarse delante de Dios. (Ver Levítico 9:7)

Un sacerdote no santificado, o en desobediencia a de Dios inmediatamente caía muerto al entrar al lugar santísimo, porque era consumido por el fuego de la presencia de Dios *(Ver Levítico 10:8-9)*

Ninguna persona que no fuera el sumo sacerdote podía entrar a la presencia de Dios, ningún judío podía ver a Dios y esperar vivir (Ver Éxodo 33:10-20).Los sacerdotes podían entrar a la presencia del señor atravesando el velo que separaba a los hombres (sacerdotes en el lugar santo) de la presencia de Dios (Lugar Santísimo) SOLAMENTE una vez al año:

El sumo sacerdote judío sólo podía entrar al lugar santísimo (de la presencia de Dios) después del sacrificio de sangre una vez al año durante la fiesta de la expiación, para pedir perdón por sus pecados y por los del pueblo, a pesar de que diariamente se ofrecían sacrificios animales para pedir perdón, estos sacrificios diarios eran incapaces de darles la entrada a la presencia de Dios.

Con esto Dios nos enseña el hecho de que no existe sacrificio humano o animal que borre por completo el pecado de los hombres y pueda darnos entrada a la presencia de Dios.

Sólo Jesús que es el sacrificio PERFECTO puede darnos entrada a su presencia. Por esto se dice que Jesús es el único camino al Padre. (Ver hebreos 10:11-12)

El velo que separaba el lugar santo del lugar santísimo representa el pecado que separa a los hombres de la presencia de Dios. Cuando Jesús murió este velo se rasgó de arriba hacia abajo mostrando que ya no hay pecado que separe a Dios de los hombres, y que es la iniciativa de Dios perdonarnos para siempre. *(Ver Mateo 27:50-51, Hebreos 10:17-18 TLA)*

Esta ruptura del velo significa que la Presencia de Dios no es propiedad exclusiva de los hijos de Israel, sino que es ahora la luz de todas las naciones *(Ver Isaías 42:6)* y es para todas las personas.

Antes de Jesús, nadie podía entrar a la presencia de Dios y esperar vivir. Hoy, gracias al sacrificio de Jesús podemos acercarnos con confianza a la presencia de Dios. *(Ver efesios 3:12)*

*"Entonces, hermanos, puesto que tenemos confianza para entrar al Lugar Santísimo por la sangre de Jesús, por un camino nuevo y vivo que El inauguró para nosotros por medio del velo, es decir, su carne".* Hebreos 10:19-20 LBLA

David, cuando era pastor, caminaba con Dios, y vivía continuamente en oración, ganando batallas en lo secreto. Posteriormente Dios lo recompenso en público cuando venció a Goliat, y fue con el tiempo, nombrado Rey.

Entrar en el lugar secreto de intimidad con Dios es estar por fe, delante de su trono para platicar con Él como con un amigo. (Ver éxodo 33:11)

En la oración estamos delante de Su presencia y ocurre todo lo siguiente aunque no lo podamos ver:

- Dios se acerca a nosotros. Santiago 4:8
- Cuando buscamos acercarnos a la presencia de Dios en lo secreto, El Padre Celestial corre a nuestro encuentro y nos corona de bienes, de favores y de misericordias. *(ver Salmo 21:3)*
- En la oración El Padre Celestial está atento a nuestras palabras. Salmos 34:15

- En Su Presencia, recibimos gracia para el oportuno socorro *(ver Hebreos 4:16)*.

- En la oración, Dios nos da sabiduría de lo alto. Santiago 1:5

- En lo secreto de Su Presencia, Dios nos abre el oído para poder recibir instrucción, corrección, consejos y una guía verdadera para nuestra vida. Isaías 50:4-5

- En la presencia de Dios El Padre Celestial nos prepara un banquete espiritual, nos alimenta en abundancia de sus palabras y recibimos revelación. Salmos 23:5

- Durante la oración en la presencia de Dios, somos mimados y consolados sobre sus rodillas. Isaías 66:12-13

- En el lugar secreto de Su Presencia, Dios nos llena de Paz sobrenatural en medio de la aflicción. Isaías 26:3.

- En la presencia de Dios, somos escondidos de la vista de nuestros enemigos. (ver Salmos 91 y 17:8; **Éxodo 20:21***)

- En Su presencia El Padre Celestial nos unge:

# TRIBUNAL DE JUSTICIA

❖ **Restituyendo los derechos celestiales para los hijos de Dios**

*Y el derecho se retiró, y la justicia se puso lejos; porque la verdad tropezó en la plaza, y la equidad no pudo entrar.* Isaías 54:19 JBS

Nuestros derechos legales y nuestra justicia se alejan del ser humano cuando la verdad, Jesucristo, quien es la palabra de Dios hecha carne no ha entrado a nuestro corazón. Es necesario que en nuestra mente la Verdad de Dios esté firme y establecida para que el derecho y la justicia nos envuelvan.

Es posible que un humano que crea en Jesucristo viva muy lejos de los derechos y la justicia que Dios ya le ha obsequiado.

A veces sabemos que por la muerte de Jesucristo nos corresponden todos los derechos y sabemos que Dios nos ama, pero ¿Por qué continuamos en carencia? ¿Por qué persisten las enfermedades?

¿Qué podemos hacer para realmente vivir en nuestros derechos legales plenos y en toda justicia?

La respuesta es acudiendo al tribunal de justicia, exponiendo nuestro caso delante del Gran Juez Supremo. Llamando a nuestro abogado Jesucristo y declarando con confianza nuestro derecho a la justicia divina.

Dios es un Juez que ama la justicia, y no se tarda en responder la oración del que pide justicia para restituir cualquier derecho que le haya sido arrebatado.

Dios nos invita a clamar por justicia con toda la pasión del corazón (Ver Isaías 59:4). Nos reta diciendo ¡No hay quien clame por justicia, nadie lleva un caso con integridad!, confían en palabras vacías y mentirosas-.Nadie se apoya en la verdad.

Delante del gran tribunal, hablemos palabras de verdad. La única verdad es la palabra de Dios que está llena del Espíritu. Confiemos en sus promesas para llevar nuestro caso con integridad y verdad.

Hoy El Padre Celestial te invita a conocer y buscar con todas tus fuerzas su justicia divina y te promete que por añadidura todo te será dado. (Ver Mateo 6:33).

Cada palabra de Dios es un juicio que nos defiende de toda maldad y que restituye todos nuestros derechos legales y nuestra Justicia Divina.

El hablar la palabra de Dios para nosotros es darle permiso a Su Espíritu de llenarnos de derecho y Justicia.

# ❖ Compareciendo delante del Tribunal de Justicia Celestial

> *También les refirió Jesús una parábola sobre la necesidad de orar siempre, y no desmayar, diciendo: Había en una ciudad un juez, que ni temía a Dios, ni respetaba a hombre. Había también en aquella ciudad una viuda, la cual venía a él, diciendo: Hazme justicia de mi adversario. Y él no quiso por algún tiempo; pero después de esto dijo dentro de sí: Aunque ni temo a Dios, ni tengo respeto a hombre, sin embargo, porque esta viuda me es molesta, le haré justicia, no sea que viniendo de continuo, me agote la paciencia. Y dijo el Señor: Oíd lo que dijo el juez injusto.* ¿Y acaso Dios no hará justicia a sus escogidos, que claman a él día y noche? ¿Se tardará en responderles? *Os digo que pronto les hará justicia. Pero cuando venga el Hijo del Hombre, ¿hallará fe en la tierra? Lucas 18:1-8 RVR1960.*

Esta parábola de Jesús nos habla de un juez injusto, que pertenece al reino del mundo.

El reino del mundo es un reino de soberbia, de codicia. Un reino que maltrata, abandona e ignora a los niños, a los débiles, a los enfermos, a los ancianos, a los necesitados y a los desvalidos. Este reino da preferencia al aristócrata, al importante, al que busca las apariencias. El reino del mundo busca paralizar a las personas mediante el miedo, la violencia, la guerra. Busca el odio entre hombres por dinero. El reino del mundo está fuera de nosotros.

A pesar de la maldad del corazón del Juez injusto, esta vez hizo justicia a una viuda pobre que no se cansó de rogarle.

¿Cómo podemos comparar a un juez injusto con **Nuestro Bondadoso Dios?**

El Gran Juez Justo, misericordioso, perdonador, compasivo, sabio, todopoderoso, quien ama la justicia y aborrece la violencia y la maldad. **¿Qué tan diferente puede ser la respuesta en el tribunal de un humano injusto, al tribunal de verdadera justicia?**

En el tribunal celestial de Justicia Divina, Jesucristo, nuestro abogado y sus palabras nos defienden. Dios es Juez y ha declarado cada palabra hablada en las escrituras a nuestro favor.

En el Tribunal de Justicia Celestial, cada hijo de Dios obtiene verdadera Justicia Divina, pues en este tribunal no existe la corrupción, es imposible aceptar mentira, todo lo oculto es manifiesto, y todo pecador es convertido.

En este tribunal de justicia reina la misericordia a favor del hombre, y está al frente el juicio en contra de la maldad y del enemigo de Dios.

El Gran Juez Supremo del cielo y de la tierra nos invita a acudir a su tribunal a pedir justicia, y nos obsequia el primer turno para hablar: "Hazme recordar, entremos en juicio juntamente; declara tú para justificarte". Isaías 43:26 RV1960

En este versículo nuestro Dios Justo nos está invitando a su tribunal, Él te dice "revisemos juntos tu situación, presenta ante mí tu caso". Además nuestro Gran Juez Justo nos da el primer turno de hablar diciéndonos: DECLARA TU JUSTICIA, habla tu primero, declara tu inocencia, tu limpieza de manos de acuerdo a como yo con mi palabra te he limpiado.

## Un juez injusto y una mujer sin cobertura

Analiza la historia que Jesús nos platica de una viuda y un juez corrupto: La viudez representa en primer lugar una mujer sin cobertura. En los tiempos bíblicos las mujeres no teníamos todos los derechos que tenemos hoy. Antiguamente las mujeres vivían bajo un entorno asfixiante. Eran despreciadas por la sociedad, e incluso por sus propios maridos y familias.

No tenían derecho de aprender a leer, a decidir, a tener propiedades, a conocer a Dios. Pero para este tema de justicia, lo más importante es que una mujer no podía acudir a un tribunal a testificar, pues era considerada mentirosa por naturaleza.

La viuda de la que platica Jesús, a pesar de conocer todo esto, acude a clamar a un juez injusto por sus derechos. Esto nos hace pensar en la valentía de esa mujer, necesitaba una fe persistente en Dios para poder acudir a un tribunal y no ser considerada culpable.

Su fe persistente la llevo a clamar sin desmayar, sabiendo que el mundo estaba en su contra, pero Dios a su favor. La persistencia y tenacidad de esta viuda, fue lo que le abrió la puerta a la justicia en un tribunal de un juez injusto.

## Un juez justo y una mujer con la mejor cobertura: La iglesia.

Jesús nos reta diciendo: Si un juez corrupto, malo e injusto hizo justicia a una viuda con fe persistente…. ¡Con mayor razón a su iglesia! Toda la humanidad apartada de Dios es como una mujer sin cobertura. La iglesia representa una mujer casada con el mejor marido que puede haber: Jesucristo.

La iglesia quien es la esposa de Cristo, es la mujer con la mayor y mejor cobertura del universo. La iglesia ¡puede acudir libremente al gran tribunal, delante del Juez Justo y amoroso a solicitar justicia divina para vivir ejerciendo todos sus derechos!

Tú eres escuchado en el gran tribunal del Padre Celestial, y puedes clamar por justicia con toda confianza diciendo: ¡Mis derechos están siendo violentados! ¡Mi justicia está siendo pisoteada! ¡Protégeme Señor!

Declara tu inocencia dada por la sangre del cordero y tu limpieza dada por la palabra de Dios.

¡Jesús desea que tengamos una fe persistente! Una fe mayor que la que tuvo la viuda delante de un juez injusto, ya que nosotros estamos en una mucho mejor situación que la de ella!

El mismo Jesucristo afirmó que El Padre Celestial prontamente actuará a favor de la justica de sus escogidos. Nos hizo saber que Dios no hace demorar la justicia y la rectitud.

Ten fe persistente y clama por la justicia que te corresponde, pues es la voluntad de Jesús. El desea encontrar fe persistente cuando venga a la tierra.

Hoy mismo, tu fe persistente te será contada por justicia en el gran tribunal del Padre Celestial.

Sabemos que somos justos, inocentes y limpios gracias a la sangre de Jesucristo, así que tenemos mucho que declarar en toda situación que se nos presente, gracias al Dios que nos hizo y que siempre nos ayuda.

Jesús llama bienaventurado, a aquel que tiene hambre y sed de justicia, porque Dios ha prometido saciarle (Ver Mateo 5:6).

## ❖ La justicia de Dios nunca deja sediento a quien tiene sed de justicia.

La justicia divina satisface completamente a quien tiene hambre de justicia. Algo que la justicia en los tribunales humanos jamás podrá lograr.

### La justicia restaurativa de Dios sana al agraviado y al criminal al mismo tiempo:

Al agraviado le restituye todo dolor, sana su corazón, sana a toda su familia, le devuelve lo robado y le restituye lo perdido. Le da una nueva oportunidad de ser feliz, y de aumentar en prosperidad y alegría.

Al criminal le lleva al arrepentimiento, sana sus heridas, cambia su manera de pensar, desarraiga de su corazón toda maldad y lo traslada a un lugar de bien. Entonces el criminal se convierte en una persona útil a la sociedad y al pueblo de Dios, y vuelve a amar a los demás.

La justicia restaurativa de Dios reivindica a todo ser humano, enriquece a todos sin empobrecer a nadie, reparte y multiplica sanidad, no tiene temor, sólo amor, y da un nuevo comienzo a todas las partes involucradas en cualquier conflicto o tragedia.

## ❖ Cada palabra de Dios es un juicio y un veredicto del supremo tribunal de justicia.

Cada palabra de Dios busca nuestro favor. Cada palabra de Dios es hablada con el propósito de llenarnos de justicia y derecho. Por amor a nosotros, Dios siempre habla palabras de bien para defendernos. El veredicto del Tribunal de Justicia Celestial está siempre a nuestro favor. Por esto Dios no dejará de hablar bien para nosotros

*Por amor de Sion no callaré, y por amor de Jerusalén no descansaré, hasta que salga como resplandor su justicia, y su salvación se encienda como una antorcha.* Isaías 62:1 RVR1960

Dios ama juzgarnos con justicia. Su deseo más profundo es que vivamos y disfrutemos de la justicia divina aquí y ahora.

Siempre que Dios da un juicio, una palabra, un veredicto, el resultado es la justicia divina para la humanidad. Él se compadece hasta las entrañas del dolor humano y por amor, nos da justicia en Cristo. Dios nunca va a estar callado ante tu dolor:

*Sino que juzgará al pobre con justicia, y fallará con equidad por los afligidos de la tierra; herirá la tierra con la vara de su boca, y con el soplo de sus labios matará al impío.* Isaías 11:4LBLA

Jesús nos ha delegado autoridad de usar sus palabras de justicia para derribar toda injusticia de la tierra. Cada palabra de Dios es un juicio. Un veredicto justo y verdadero. Un juicio que condena toda maldad, toda injusticia, toda situación que haga sufrir a un humano para derribar la obra del enemigo.

Todos los juicios de Dios son justos, nos libran de la maldad, y evitan que el hombre de la tierra siga haciendo violencia, traen paz, justicia, libertad, prosperidad, alegría. Son establecidos a favor de los niños, de los huérfanos, de las viudas, del quebrantado, a diferencia de la justicia de los hombres.

**Todo lo que está escrito ya es un veredicto inapelable, un veredicto justo, y un veredicto a nuestro favor que nos llena de justicia.**

El tribunal supremo de justicia divina ya escribió todos los juicios. Todo lo que está escrito es nuestro derecho y nuestra justicia. Toda la escritura otorga verdadera justicia restaurativa que sana tanto a la sufriente víctima como al criminal violento. Sana y restaura a los niños junto con los padres. Es equitativo para mujeres y hombres. Ve por los intereses de todos. Enriquece a todos sin empobrecer a nadie. Defiende los derechos del humano sin causar ningún tipo de opresión. Pudre todo yugo que cargue cualquier ser humano. El juicio condena la maldad y la violencia, la amargura y la falsedad para liberar al ser humano de todo engaño.

Jesucristo quien vino a ejecutar el juicio divino a la tierra, uso las palabras "Escrito esta" para defenderse del engañador de los hombres. Cada palabra (juicio) que Dios ha hablado nos fue dada para hacer juicio y justicia en la tierra. Y extendió Jehová su mano, y tocó mi boca; y me dijo Jehová: He aquí he puesto mis palabras en tu boca. Jeremías 1:9 LBLA

Jesús nos ha mandado a traer la justicia del cielo a la tierra con el poder de la lengua, usando las palabras que Dios ha hablado.

**Todos los días tenemos la oportunidad de hacer el bien a alguien y de trabajar por extender justicia.** Pablo nos exhorta en todas sus cartas a mostrar interés en las necesidades de los pobres, de ayudar al afligido en su necesidad, llevar la carga juntos, siendo generosos haciendo el bien.

Dios nos exhorta a apoyar a las viudas, trabajar por el bien de los huérfanos, a consolar al quebrantado. Jesús nos dice que la justicia que hagamos a los niños, al menos importante, al pobre, al enfermo a El mismo lo hacemos.

## ❖ Juzgando en la verdad

Juzgar las situaciones de acuerdo a lo que dice la palabra de Dios, y no según lo que nuestros ojos ven es juzgar en la verdad. Declarar las palabras que Dios ha hablado para cualquier circunstancia: A esto se le llama juicio de verdadero, o juicio de paz.

Es muy tentador juzgar todo lo que experimentamos cada día según lo que perciben nuestros ojos terrenales, según lo que escuchan nuestros oídos terrenales.

Dios nos ha llamado a ser jueces en esta tierra. Al usar las palabras (los juicios) que Dios ha hablado, estamos estableciendo Justicia Divina en la tierra.

## ❖ Jueces en la tierra

*Dios ocupa su lugar en la congregación. Él juzga en medio de los jueces.* Salmos 82:1 LBA

El Juez de toda la tierra habita en medio de nosotros. Dios nos ha hecho jueces para juzgar las circunstancias, nunca en contra de las personas. El Supremo Juez de la tierra nos ha dado sus palabras para juzgar la maldad y defender a la humanidad de cualquier ataque:

*"Entonces restauraré tus jueces como al principio, y tus consejeros como al comienzo; después de lo cual serás llamada ciudad de justicia, ciudad fiel". Isaías 1:26 LBLA.*

**Dios nos ha restaurado en posición de jueces. Nuestro trabajo es juzgar la maldad que ataca al humano.**

Los hijos de Dios podemos condenar todo tipo enfermedad, tristeza, pobreza, carencia, división, odio, y otras cosas malas que nos agreden, para traer derecho y justicia divina a nuestra vida, nuestra familia, nuestra ciudad hasta que toda la tierra resplandezca en justicia.

Los hijos de Dios estamos para juagar toda maldad, pero nunca para juzgar a otras personas. Las palabras del Dios vivo son a favor de los hombres y en contra del enemigo de Dios. Es la voluntad del Altísimo que todo ser humano conozca de Jesucristo y se salve, sin importar su pasado.

Tú ya no puedes ser juzgado por otra persona. Los hijos de Dios podemos juzgar toda mala circunstancia y toda maldad, pero a todo aquel que cree en Jesucristo, nadie le puede juzgar, porque si Jesús es quien te justifica, nadie te puede juzgar ni condenar.

Es imposible que tú seas juzgado por la maldad, ni por el enemigo, ni por otro ser humano. *"En cambio, el que es espiritual juzga todas las cosas; pero él no es juzgado por nadie".* *1 Corintios 2:15 LBLA*

Estamos llamados a reinar y juzgar todo como espirituales y no como naturales. Entonces tu juicio será verdadero como el de Jesús. Tú, que eres nacido de Dios, estás llamado a impartir juicio y justicia en la tierra utilizando las palabras que Dios nos ha dado. Esto es reinar en la tierra.

*Así dice Jehová:* **Haced juicio y justicia**, *y librad al oprimido de mano del opresor, y no engañéis, ni robéis al extranjero, ni al huérfano, ni a la viuda, ni derraméis sangre inocente en este lugar.* *Jeremías 22:3 RVR1960*

## ❖ Enseñando a nuestros hijos El Juicio de Dios y la Justicia Divina

*Porque yo sé que mandará a sus hijos y a su casa después de sí, que guarden el camino de Jehová, haciendo justicia y juicio, para que haga venir Jehová sobre Abraham lo que ha hablado acerca de* él. Génesis 18:19 RVR*1960*

En esta escritura podemos ver que ¡Dios ha escogido a Abraham por hacer juicio y justicia!. Entiendo que lo escoja por hacer justicia, pero ¿Por qué por hacer juicio?

Dios hizo resonar la palabra "Juicio" en mi corazón cuando leí este versículo por primera vez, y entonces el Espíritu Santo me llevó a varios versículos haciéndome entender que Sus Juicios son justos y preciosos.

Dios es el Juez de toda la tierra (Ver Génesis 18:25) y cada palabra suya es un decreto, un veredicto un juicio verdadero, justo e inapelable. Cada palabra de Dios trae juicio a nuestras vidas. Por eso Abraham fue escogido pues el creyó en cada palabra que Dios le habló.

Cada palabra de Dios causa juicio cuando la creemos y la hablamos. La palabra juicio también se define como rectitud. Por lo tanto cada juicio (palabra) de Dios trae rectitud a nuestros caminos y circunstancias.

Dios, El Soberano Juez de toda la tierra, envía cada palabra a traer rectitud (juicio) a nuestras vidas. Proverbios 3:6 nos confirma que es Dios quien trae rectitud y endereza nuestros caminos.

¿Cuál es el objetivo del juicio de Dios? Echar fuera al enemigo, al príncipe de este mundo, a la maldad, a la enfermedad, a la impiedad, y a toda cosa inmunda.

Entonces podemos entender que el juicio de Dios no es contra nosotros, sus hijos. El juicio de Dios está reservado para la maldad, para el pecado, para la tristeza, para la pobreza y para la muerte.

Cada palabra de Dios es enviada con un gran objetivo, expulsar lo inmundo. Por ejemplo, en Juan 5 leemos el ejemplo de un hombre que vivía atado a una enfermedad desde hacía 38 años. En la vida de este hombre el enemigo reinaba impidiéndole vivir plenamente y por esto estaba paralizado y era imposible para él lograr el plan de Dios en su vida. El enemigo se enseñoreaba de su existencia mediante una enfermedad nefasta que lo tenía postrado.

Jesús, la persona de la palabra de Dios, llega a este hombre enfermo y le obsequia una palabra, un juicio, un veredicto: -levántate-. Este juicio que Dios habló fue directamente en contra de la enfermedad. El enemigo fue echado fuera de la vida de este hombre cuando Dios pronuncia a su favor la sentencia del juicio diciendo: "Levántate, toma tu lecho y camina".

Jesús habitó entre nosotros como un humano dedicado a dar y a enseñar juicio y justicia a los hombres. **<u>El juicio de Dios inmediatamente expulsa al enemigo y trae justicia al hombre.</u>**

De esta manera podemos ver que cada palabra de Dios es un juicio. Cada juicio de Dios tiene el objetivo de destruir por completo el señorío del enemigo (enfermedad, maldición, dolor, depresión, pobreza) y traer justicia al hombre. Cada palabra es un juicio y el veredicto siempre se cumple. La palabra no vuelve vacía, sino que logra el objetivo para lo cual fue enviada.

## EL OBJETIVO DEL JUICIO DE DIOS ES: DESTRUIR EL REINADO DEL ENEMIGO Y TRAER JUSTICIA AL HUMANO.

Para que un ser humano pueda vivir en la justicia, el botín debe ser arrebatado de las manos del tirano. Tú eres ese botín, y el tirano es el enemigo y cualquier tipo de injusticia. El enemigo es un ser nefasto que desea reinar en tu vida y en toda la tierra. Su manera de actuar es sembrando injusticia en todo aspecto. El desea el sufrimiento humano a toda costa, y lo peor del caso es que el enemigo engaña las mentes para que crean que es Dios quien envío la tristeza, la enfermedad, el accidente, la pobreza, la maldad.

Dios escogió a Abraham porque este hombre enseñaría a sus hijos y a las siguientes generaciones a hacer juicio y justicia. El resultado de todo juicio es la justicia divina.

El juicio y la justicia son hermosos a los ojos de Dios y son un adorno a nuestro espíritu. Dios desea que enseñemos el poder de la palabra de Dios a nuestros hijos y a las generaciones. Dios nos ha dicho "habla mis palabras cuando te acuestes, cuando te levantes, cuando andes por el camino, escríbelas en las paredes de tus casas, en los postes de tus puertas".

Dios desea que vivamos sumergidos en la palabra de Dios y enseñemos a nuestros hijos a hacer lo mismo para poder sanar el corazón de la humanidad y llenar de justicia divina la tierra.

Dios es enemigo de la ignorancia, pues por falta de conocimiento un ser humano puede llegar a tener una vida miserable en la tierra y una eternidad en el infierno. Dios escogió a Abraham por enseñar a sus hijos a vivir en juicio y justicia, y lo mismo desea de ti y de mí.

# EL ESPÍRITU DE LA PALABRA DE DIOS

*Las palabras que Yo les he hablado son espíritu y son vida.*
*Juan 6:63 LNBH*

La tierra estaba completamente asolada y destruida. El planeta era todo un caos, ni pies ni cabeza (¿Te suena familiar?). La tierra que Dios había creado hermosa y perfecta en Génesis 1:1 no se parecía en nada a la que existía en Génesis 1:2. Las tinieblas habían asolado el planeta y el desorden reinaba.

Muy parecida a esta descripción se encuentra el mundo de hoy. En esta descripción tan acertada del planeta vemos que todo está desordenado. No importa a donde volteamos a mirar, vemos destrucción, contaminación. La tierra y los humanos, situados en medio de un vacío, las tinieblas habitando en los abismos de los corazones. La violencia reinando en las naciones.

Quizá te sientas asolado, o pasas por un momento terrible en tu vida. Es posible que pienses que la persona que Dios tenía pensada hacer cuando te creo no se parece para nada a la que eres hoy. Ahora hay un desorden gigante, y vacíos tan profundos que no se les ve el fondo.

¿Cómo fue posible? Nos preguntamos.

¿En qué momento llegamos a caer tan bajo como seres humanos? Desde cuando el agua ya no es bebible, las verduras son tóxicas, el aire está sucio. Ya no hay espacio para tanta basura, y se acaban los lugares apropiados donde puedan vivir los animales.

¿Desde cuándo vivo en una rutina tan cerrada que ya no tengo un sueño por cumplir? ¿En verdad Dios me hizo con un propósito?

¿Es génesis una descripción del asolamiento de la tierra de entonces y de ahora? Justo dentro del mismo enunciado que describe la terrible situación de la tierra, Dios nos da buenas noticias.

Es en este momento de tinieblas cuando Dios nos afirma sobre una esperanza... En medio del caos, de las tinieblas y del desorden El Espíritu de Dios se movía (aleteaba) sobre la faz de las aguas.

Cuando la tierra parecía abandonada en su desesperación, la actividad del Espíritu de Dios estaba presente, y cuando la tierra parecía no tener salida, ocurre un gran cambio, la mayor transformación posible, todo porque Elohim pronuncia las primeras palabras registradas –Sea la Luz-.

El Espíritu de la Palabra de Dios da forma a la necesidad más básica del planeta: La luz. Base de la vida y de las funciones de todo ser vivo. Ahora la luz era un ser existente. Los ojos de Dios observaron la luz y vieron todos los beneficios que la luz traía a la tierra, y sus ojos vieron que la luz era buena.

Desde entonces hasta hoy, Elohim no ha dejado de pronunciar palabras para nuestro bien. Sus palabras llenan los vacíos, las desolaciones, y cualquier tiniebla que nos ataque. Desde ese día, Sus palabras son nuestra herencia.

Es en este primer capítulo de Génesis donde Dios nos enseña a usar las palabras, a dirigir al Espíritu que hay en ellas para crear un mundo lleno de vida y orden.

Es el primer ejemplo del tema de clase del manual hecho por Dios que también se podría llamar "Manual para aprender a crear un mundo lleno de vida y de orden", o bien Curso teórico –práctico aprendiendo a quitar las tinieblas y el desorden de mi vida.

Las palabras tienen poder Creativo, y la palabra de Dios crea a través del Espíritu que hay en ellas. La herencia primordial que Dios nos ha dado es Su Palabra que es Espíritu. El pronunciar las palabras que Dios nos ha dado causa que el Espíritu de la palabra se mueva…"y El Espíritu de Dios se movía sobre la faz de las aguas" Génesis 1:1 RVR1960

Cuando tú hablas palabra de Dios para crear cosas buenas en tu vida, entonces el Espíritu de la Palabra se mueve sobre la faz de tu vida y sobre todas tus circunstancias.

Después de leer Génesis 1 me da la inquietud de hacer una lista de todo lo que quiero cambiar y es entonces cuando toda queja se convierte en una oportunidad para crear.

# EL PODER DE LA PALABRA DE DIOS CAUSA CAMBIOS EN LA MATERIA, EN LA ENERGÍA Y EN EL TIEMPO.

El poder transformador del Espíritu de la Palabra de Dios es infinito.

Así que, conociendo esta virtud de la palabra de Dios, antes de seguir leyendo, compromete a tu mente y corazón de no dudar de lo que Dios ha hablado. Repite la siguiente oración: "Dios mío creo en ti y en que nunca hablas mentira, declaro que tu palabra es digna de toda mi confianza."

Todo lo que está en las escrituras que actualmente conocemos como Biblia, es un resumen de la relación de Dios y el hombre. Y en el transcurrir de cada página Dios habla consejos, estatutos y promesas que sustentan nuestra vida. Jesucristo mismo certifica que las escrituras proceden de Dios, y la importancia de conocerlas, pues sus palabras y sus justos juicios nos cambian la vida y nos llevan a la justicia verdadera.

Jesús siempre creyó en toda palabra escrita por Dios. La palabra siempre lo respaldó en toda situación. La palabra de Dios se convertía en verdad cuando Jesús la utilizaba, porque creía en ella con toda su fe.

Es importante que nosotros como Jesús creamos la palabra escrita y usemos el derecho que tenemos a conocer a Dios a través de su palabra, pues nos da vida y nos guía hacia el buen camino.

Jesús utiliza la escritura para corregir a los religiosos de su época, atribuyendo su equivocación al hecho de que ignoraban las escrituras. En Marcos 12:24 Jesús les dice a los fariseos que estaban muy equivocados en lo que pensaban porque estaban ignorando la palabra escrita.

En la palabra de Dios escrita hay poder de Dios para cambiar toda circunstancia. Un mensaje del cielo ha sido enviado para nosotros, y es una buena noticia que es el derecho de todo ser humano conocer.

Muchas veces los fariseos se acercaban a Jesús con preguntas muy conflictivas, con verdades a medias, con trampas, para que Jesús se contradijera a sí mismo o a las escrituras. Pero Jesús conocía bien la palabra escrita y la creía con todo el corazón, y amonesta a los fariseos por no haber leído y las escrituras: Mateo 12:3 y 5, Mateo 19:4, Lucas 6:3 RVR60. Jesús les decía: ¿No han leído que…?

Así que podemos darnos cuenta de que leer la escritura y creerla, agrada a Jesús.

Creer en lo que Dios nos dice es un acto de honra a Dios, porque es darle a su palabra nuestro voto de confianza. Este hecho te conecta con el corazón de Dios y es la manera en que recibes de Su parte un verdadero cambio de mentalidad, y por lo tanto de vida.

Así que honra a tu Padre Celestial creyendo Sus Palabras, para que tengas una larga y plena vida en la tierra.

Confía en que Dios es bueno y toda su palabra es para bien. Es imposible confiar en alguien que consideras malo. Si piensas en tu corazón que existe la posibilidad de que Dios algún día te cause algún mal, enfermedad, pobreza, accidente, o que intencionadamente cause la muerte de algún ser amado, entonces no haz conocido quien es Él, y esto te impide darle toda tu confianza.

## ❖ El poder gusano

*No temas, gusano de Jacob, oh vosotros los pocos de Israel; yo soy tu socorro, dice Jehová; el Santo de Israel es tu Redentor. Isaías 41:14 RVR1960*

En la historia de la humanidad los gusanos han tenido poder; porque a pesar de que un gusano es débil, blando, pequeño y puede ser fácilmente aplastado con el pie, o puede ser devorado y eliminado por cualquier otro ser ligeramente mayor; el gusano tiene poder en su boca.

Un gusano pequeño de milímetros de tamaño, puede devorar y destruir las raíces de cualquier monumental árbol, infestando y matando cada raíz de un árbol gigante, fuerte y macizo.

Interesante comparación la que hace nuestro Dios con Jacob. Pues nos está afirmando el poder que tiene el ser humano, y especialmente los hijos de Dios en su boca.

Por esto está claramente escrito que el poder de reinar lo tenemos en la boca. Es con las palabras con las que reinamos. Lo que declares con tu fe, eso será hecho. *La vida y la muerte están en el poder de la lengua, según proverbios 18:21 RVR1960.*

El poder de cambiar las cosas en la tierra utilizando los recursos y el poder del Reino de los cielos es hablando palabra de Dios llena de Fe.

Jesús nos ha enseñado a mover montañas gigantescas con el poder de la palabra. Porque de cierto os digo que cualquiera que dijere a este monte: Quítate y échate en el mar, y no dudare en su corazón, mas creyere que será hecho lo que dice, lo que dijere le será hecho. Marcos 11:23 RVR1960

Cada palabra llena de fe que hablamos, tiene un efecto inmediato en el mundo espiritual, aunque no lo puedas ver al momento con tus ojos carnales.

Solo es cuestión de tiempo, para que se manifiesten en tu realidad las palabras de fe liberadas desde tu boca.

Así, que sabiendo esto, cuando veas una persona enferma, declara palabra de salud sobre ella: "por su llaga, ya fuiste sanado" (Ver Isaías 53:5), y esto es desatar yugo de enfermedad. Esto es traer a juicio la enfermedad y establecer la justicia divina en la tierra.

Si ves una persona deprimida, y con hambre espiritual, hablarle palabras de salvación y consuelo en el Espíritu, esto es compartir tu pan con el hambriento, y darte a ti mismo en servicio del hambriento.

Si ves a una persona afligida, y con temor, el hablarle palabras de Fe, y esperanza, esto es ayudar al afligido en su necesidad.

Si ves a una persona oprimida por un demonio, hablarle palabras de perdón, y liberar a la persona con el poder de la lengua, esto es liberar a un oprimido.

Así que para cada situación que se te presente en la vida, conspira con Dios buscando justicia, pídele que ponga carbones encendidos en tu boca, usa el poder que hay en tu boca para declarar la palabra de Dios y traer justicia a tu vida y a la de los demás seres humanos que conozcas. Mueve toda montaña de problemas y enfermedad con tus palabras, tira toda maldad con el poder de tu boca, tal y como un gusano desbarata un sembradío.

Esto ama el Padre Celestial. Esta intercesión en justicia es poderosa, y trae cambios tremendos a la tierra. Esto es agradable a Dios, esto es traer el reino de los cielos a la tierra.

## ❖ Los poderes de la lengua:

Los poderes con los que podemos reinar son prácticamente palabras. Existen varios tipos de poder en nuestras palabras según la intención con la que las hablemos y la fe que exista en nuestro corazón.

1.  Poder de la palabra de fe.
2.  Poder del acuerdo.
3.  Poder del decreto.
4.  Poder de la oración.
5.  Poder de hacer las cosas buscando primero el Reino de los Cielos.

## ❖ El poder de la palabra de fe

### Jesús nos enseña que la manera de reinar es utilizando palabras:

*"Porque de cierto os digo que cualquiera que dijere a este monte: Quítate y échate en el mar, y no dudare en su corazón, más creyere que será hecho lo que dice, lo que dijere le será hecho".* Marcos 11:23LBLA

Las palabras que hablamos tienen poder, y sobre todo si creemos en ellas. Jesús nos invita a usar palabras de bien para bendición y no de mal para maldición. Usar palabras para cambiar las cosas se le llama DECLARAR.

Para cualquier circunstancia de nuestra vida, Dios en la escritura, nos dejó sus palabras para que las podamos usar para movernos en Su Reino. La palabra de Dios puede cambiar cualquier circunstancia.

Si vives una circunstancia en la que tienes miedo de morir, puedes reinar sobre ese temor declarando: "No moriré, sino que viviré, Y contaré las obras del SEÑOR" .Salmo 118:17 LBLA. Sabemos que si en una circunstancia peligrosa declaras con fe *"nos vamos a morir"* le estas dando poder a esas palabras de muerte.

Si tienes una enfermedad y quieres ser sanado, puedes declarar: "Mas él herido fue por nuestras rebeliones, molido por nuestros pecados: el castigo de nuestra paz sobre él; y por su llaga fuimos nosotros curados". Isaías 53:5 RVR1960.

En cualquier problema, puedes declarar las promesas que Jesús dejó para su esposa, la iglesia. La palabra de Dios es nuestro poder.

Cuando creemos la palabra que hablamos, son palabras llenas de fe. Cuando la palabra que hablamos es palabra de Dios, entonces ocurren cambios en la materia, en la energía y en el tiempo.

Lectura sugerida: Lucas 17:6; Isaías 55:11.

## ❖ El poder del acuerdo

*"Además les digo, que si dos de ustedes se ponen de acuerdo sobre cualquier cosa que pidan aquí en la tierra, les será hecho por Mi Padre que está en los cielos." Mateo 18:19 NBLH.*

Jesús mismo dando un cheque en blanco del Reino de los Cielos. Dos personas nos podemos poner en un acuerdo, como uno solo y lograr cualquier cosa que pidamos a Dios.

El acuerdo también puede ser entre nosotros y la palabra de Dios. Si Dios dice en su palabra que soy una persona bendecida, yo puedo estar en un acuerdo con Sus palabras y hacerlas realidad diciendo con todo el corazón: --Estoy en acuerdo con tu palabra--.

O bien puedo estar en desacuerdo con la intención de la palabra de Dios e inactivar su cumplimiento en mi vida.

No podemos caminar con Dios si no estamos en un acuerdo con Su palabra. Para caminar en unidad como uno solo, debemos pensar y hablar las palabras que Dios ha hablado.

## ❖ El poder del decreto

La palabra decreto significa decisión. En los tiempos antiguos, por ejemplo en los días de Esther, todo lo que el rey decretaba era establecido y era una decisión imposible de invalidar. El Rey Asuero decretó la expulsión de la Reina Vasti de su presencia, y ella fue desechada, siendo el decreto irrevocable.

También en el tiempo de Daniel, lo decidido por el Rey era un decreto, entonces se sellaba con su anillo, y ni el rey mismo podía invalidar aquella decisión.

Nosotros tenemos este mismo poder en el Reino de los Cielos: *"Decidirás una cosa, y se te cumplirá, Y en tus caminos resplandecerá la luz". Job 22:28 NBLH* Cuando Jesús nos dio las llaves del Reino de los Cielos nos dijo que todo lo que atemos en la tierra quedará atado en el cielo.

La intención del decreto es establecer la voluntad de Dios en la tierra. La voluntad de Dios es la palabra de Dios. Jesucristo nos enseñó a decretar la palabra de Dios en la vida de las personas trayendo sanidad, fortaleza, alegría, amor, provisión, prosperidad. Es decir, toda la buena voluntad que existe tras de la palabra de Dios, puede ser establecida en la tierra con el poder del decreto.

Lectura sugerida: Ester 8:8; Daniel 6:8-12; 1 Reyes 3:28.

## ❖ El poder de la oración

*"Y todo lo que pidan en oración, creyendo, lo recibirán". Mateo 21:22 NBLH*

La oración puede cambiar cualquier cosa, persona o circunstancia. Cuando nos acercamos a Dios en la oración, Él se acerca a nosotros.

En este acercamiento Él nos habla, nos responde, nos da paz, nos da sabiduría, nos guía, nos unge, nos provee... Aunque nuestros ojos nada puedan ver. Dios nos esconde bajo sus alas y somos protegidos. El prepara su corazón y hace atentos sus oídos a tus peticiones.

El poder de la oración con un corazón lleno de fe, puede cambiar cualquier circunstancia en la vida como Jesús mismo lo dijo: nada es imposible para el que cree.

## ❖ El poder de buscar primero el Reino de los Cielos

*"Mas buscad primeramente el Reino de Dios y su justicia, y todas estas cosas os serán añadidas". Mateo 6:33 RVR1960*

Existe un poder en buscar primeramente el Reino de Dios y su justicia. Jesús explicaba a la audiencia que no buscaran con ansiedad las riquezas en la tierra, pues la ansiedad no logra nada, por el contrario, la ansiedad trae enfermedades y nos roba la paz.

Jesús nos enseñó que cuando buscamos primeramente extender el Reino de los Cielos y buscamos establecer la voluntad de Dios en la tierra (justicia divina) todo lo que necesitemos nos será dado.

Y Dios sabe que necesitamos comer, dormir, tener una casa, proveer para nuestros hijos, alimento, vestido. Dios conoce las necesidades del ser humano, y hasta los deseos más profundos del corazón.

Es cuando nos deleitamos en su voluntad, en sus palabras, en la extensión de Su Reino el momento en que Dios concede los deseos del corazón.

Usa ahora tu poder dado por Dios declarando, decretando, llegando a un acuerdo con las palabras que Dios ha hablado para ti:

- ♥ Jesús es mi Señor y Salvador, gracias a Él tengo ganado el cielo y soy justo delante de Dios, todos mis pecados me han sido perdonados, soy una nueva creación, y tengo un nuevo comienzo en mi vida hoy. *(Romanos 10:9).*
- ♥ Si yo creo, todo es posible *(Marcos 9:23).*
- ♥ Si yo declaro, sin dudar nada en mi corazón, entonces lo que yo diga, sucederá… *(Marcos 11:23).*
- ♥ Si yo creo, veré la Gloria de Dios *(Juan 11:40).*
- ♥ Mi fe, le agrada a Dios, porque me acerco a Dios creyendo que Él existe, y El me recompensa porque yo le busco… *(Hebreos 11:6).*
- ♥ Jesús confiesa mi nombre delante del Padre Celestial y sus ángeles, porque yo confieso Su nombre delante de los hombres. *(Mateo 10:32, Lucas 12:8).*

♥ Dios permanece en mí, y yo permanezco en Dios *(1 Juan 4:15)*.

♥ A mí nadie me puede acusar ni condenar, porque Dios ya me ha justificado.    *(Romanos 8:33-34)*.

♥ Dios me rescata de cualquier problema, me quita cualquier dolor, me sana de toda enfermedad, me llena de favor y misericordia. *(Salmos 103)*.

♥ Yo vivo bajo los cuidados perfectos de Dios y bajo la cobertura y sombra de Sus alas. Duermo bajo su cuidado y no tengo terror nocturno, no temo maldad en el día, ninguna enfermedad se acerca a mí ni a mi familia. Los ángeles me llevan en brazos y cuidan todos mis caminos. He puesto mi amor en Dios, y Él me libra de todo mal, me sacia de larga vida. Dios siempre me responde cuando lo le llamo, Dios siempre está conmigo en la angustia para salvarme. *(Salmos 91)*.

♥ No moriré, sino que viviré y contaré las obras de mi Dios. *(Salmo 118:17)*

♥ Mi pleito lo defiende Dios, Él salva a mis hijos. *(Isaías 49:25)*

♥ Dios me defiende de los que me atacan. *(Salmos 35:1)*

♥ Dios me libra de la mano de los malos, y me redime de la mano de los violentos. *(Jeremías 15:21)*

♥ Todos mis hijos son enseñados por Dios, y grande es su paz y bienestar. *(Isaías 54:13)*.

♥ Tendré una larga vida sobre la tierra, podré ver a los hijos de mis hijos, y ellos a su vez tendrán larga vida en la tierra *(Proverbios 3:2, Deuteronomio11:21)*.

♥ Ningún arma forjada contra mí prospera, y yo condeno toda lengua que se levante contra mí en juicio, pues mi justificación viene de Dios, que es la sangre de Jesús. *(Isaías 54:17)*

♥ Todas las promesas que ha hablado Dios, son para mí, y para mis hijos desde esta vida terrenal. *(Hechos 2:39)*

♥ No me rendiré, porque sé que yo disfrutare de todas las bondades de la vida que Dios ofrece a sus hijos en esta tierra. *(Salmos 27:13)*

♥ Todo lo que mi mano hace prospera, riquezas y honra son mi herencia en esta tierra. *(Génesis 39:3, Salmos 106:5, Proverbios 3:16)*

♥ El Señor DIOS me ha dado lengua de discípulo, para que yo sepa sostener con una palabra al fatigado. Mañana tras mañana me despierta, despierta mi oído para escuchar como los discípulos. *(Isaías 50:4)*

♥ Yo tengo la mente abierta y comprendo las escrituras… *(Lucas 24:45)*

♥ En Cristo, tengo palabras de sabiduría para sostener a los humanos que sufren, cada día escucho la voz de Dios. *(Isaías 50:4, Éxodo 4:12, Salmos 119:147, Juan 10:27)*

♥ Dios derrama su Espíritu sobre mí, yo, mis hijos y mi familia profetizamos, tenemos sueños y visiones. *(Joel 2:28).*

♥ Dios me hace conocer sus palabras. *(Proverbios 1:23)*

♥ Aún en la vejez fructificaré, tendré prosperidad, estaré lleno de vigor. *(Salmos 92:14)*

♥ En Cristo me corresponden todas las bendiciones de la obediencia, Dios ha quitado de mí para siempre las maldiciones de la desobediencia. *(Deuteronomio 28).*

♥ Dios me ayuda en contra de mi adversario, mi ayuda viene de Dios porque vana es la ayuda del hombre. *(Salmos 108:12).*

♥ Cada día Dios me colma de beneficios y de salud. *(Salmos68:19).*

♥ El Señor es mi pastor y nada me falta, en verdes pastos delicados me hace descansar; junto a aguas de reposo me conduce. Dios restaura mi alma; me guía por caminos de justicia por amor de su nombre. Aunque tenga problemas o enfermedad, no tengo miedo porque Dios está conmigo; su guía y su Espíritu Santo me consuela. Dios prepara un banquete para mí en presencia de mis enemigos; Dios unge mi cabeza con aceite; mi copa está rebosando. El bien y la misericordia me siguen todos los días de mi vida, y en la casa del Señor viviré por toda la eternidad. (Salmo 23).

Únete hoy mismo a esta alabanza, a esta manera de pensar, creyendo en la bondad y la misericordia de Dios con todo tu corazón, y entonces ¡prepárate para ver la gloria de Dios! (Ver Juan 11:40)

Para cada mala situación en la vida hay una buena palabra de Dios para cambiarla.

Estamos invitados a poner los ojos en Jesús ante cualquier circunstancia. Despreciando toda vergüenza, todo rechazo, sabiendo que El que prometió librarnos. Tenemos al "Dios Fiel" de nuestro lado.

El resultado de saber que Dios siempre dice la verdad, que Dios es bueno y de tener fe es la expectativa y certeza de recibir.

La esperanza, o el esperar en Dios es el estado de ánimo optimista y expectante, de obtener lo que se desea y pediste en oración, sin desilusionarte de Dios cuando tus ojos físicos tarden en ver lo que tu corazón lleno de Fe, ya visualizó. Esta espera es en paz, estando seguro que Dios siempre dice la verdad, y que está de tu lado siempre, como Abraham que creyó en esperanza contra esperanza confiando en lo que Dios ya le había dicho.

La expectativa, o esperanza te protege de desesperarte, o deprimirte, según el salmo 27:13 RVR1960 "Hubiera yo desmayado, si no creyese que veré la bondad de Dios en la tierra de los vivientes" Este versículo tiene cuatro palabras clave: Desmayar, creer, bondad, tierra.

Cuando tenemos una circunstancia dolorosa, grave, dura, pesada, o extremamente difícil de sobrellevar, es posible que cualquier ser humano se desmaye.

¿Cuándo es más fácil desmayar? Cuando creemos en que lo malo va a ocurrir y estamos esperando que en cualquier momento una mala noticia va a llegar. Cuando creemos que Dios nos va a enviar malas cosas, y no nos va a defender, cuando no vemos el panorama completo, cuando deseamos que las cosas se hagan a nuestra manera y no al modo de Dios. Cuando luchamos en nuestras fuerzas y no nos apoyamos en Dios. Cuando creemos que la bondad de Dios la veremos hasta después de la muerte en el cielo.

¿Cuándo no desmayamos? Cuando creemos en que la bondad de Dios es para disfrutarla en esta vida y en esta tierra. Cuando creemos que Dios es bueno, y que Él nos responde de acuerdo a su gran sabiduría, pues es el único que conoce y puede ver el panorama completo de una situación. Cuando creemos en las buenas intenciones que Dios tiene para con nosotros y esperando con grandes expectativas de recibir lo bueno en cualquier momento. Entonces estamos con una fe fortalecida y no desmayamos ante el día malo.

La esperanza es saber que en esta vida, verás la bondad de Dios en todas las circunstancias de tu vida.

# BATALLA DEL MIEDO

En la batalla del miedo, la actitud de una persona es estar a la defensiva.

No busca conquistar nuevas áreas, no busca ganar nada, lo único que busca es no perder, no sufrir, que nadie le robe sus cosas, que nadie hable de ella, ni mal ni bien. No quiere decidir, sin darse cuenta que el no decidir es una decisión.

Esto trae tristeza, vacío, falta de propósito, y sensación de no tener un llamado.

En la batalla del miedo, no es bueno soñar porque esto sólo trae sensación de angustia, de infelicidad, sensación de que todos son mejores porque cumplen sus sueños excepto tú. Esto es lo que tu adversario el diablo quiere; que no tengas un sueño en la vida, que no tengas proyectos personales, que vivas una vida mediocre, que tu vida pase siempre haciendo las mismas cosas, con miedo a crecer y superarse.

El miedo es negarse a creer que estás perdonado, que estás limpio, que eres importante, que puedes lograr cualquier cosa, y que todas las promesas de Dios las mereces gracias a Jesucristo. Esta es la batalla del miedo.

# BATALLA DE LA FE

La actitud de la batalla de la fe es muy distinta.

En esta batalla, te niegas a escuchar las voces acusadoras de tu subconsciente, de tu pasado y del enemigo, para aceptar la definición de hijo de Dios: perdonado, valiente, santo, digno del amor y de la unción de Dios, capaz de lograr cualquier cosa.

En la batalla de la fe, se pelea por lograr los sueños y deseos que Dios ha puesto en el corazón (no los carnales), la pasión del corazón se revela, se manifiesta la voluntad de Dios para tu vida, y aunque vengan fuertes oposiciones, la persona no queda postrada porque la mano de Dios y el propósito que Él ha revelado a su corazón sostienen su mano.

La persona busca ensanchar su pensamiento, para verse en victoria, para ver en su mente el sueño hecho realidad, y esto impacta cada día de batalla. En la batalla de la fe, se confía en que Dios va a guardar lo que es tuyo, y que nadie te lo puede robar.

En la batalla de la fe, la oración, y la fe, mueven a todo el cielo a luchar de tu lado y sabes que en cualquier momento la victoria llega a tu puerta, para la gloria de Dios.

En la batalla de la fe, tú sabes que la fuerza viene de Dios, que los números no ganan las batallas, que es Dios quien dirige tus pasos y es Él quien pelea por ti.

En la batalla de la fe, no se pierde la alegría, porque se espera en Dios, y se disfruta cada día de batalla, cada paso y cada camino, porque la felicidad no está únicamente el día que se gana sino, en disfrutar cada día.

En la batalla de la fe, sabes que tienes un llamado, y aunque la oposición quiera hundir tu barco, llegas nadando a la orilla porque Dios tiene una misión para tu vida.

En la batalla de la fe, es imprescindible tener sueños a la mano, que son los remos de tu barco, estos sueños te dan una visión y una impresión de victoria para no perecer a media batalla: Donde no hay visión el pueblo perece...Ver Proverbios 29:18 (JBS)

Así que ponte de rodillas, pide a Dios que ponga sueños en tu corazón, sueña hoy, establece metas para tu vida sin importar la edad que tengas, libra la buena batalla de la fe y ¡gana!

# HERENCIA DE PERDÓN

## ❖ Una muerte en cruz...

¿Qué nos obsequió Dios con una muerte tan horrible en una cruz?

El perdón absoluto de todas nuestras ofensas, pecados y rebeliones presentes, pasadas y futuras.

- Todavía no nacías y Él ya había hecho todo para perdonarte.
- Todavía no caminabas y Él ya sabía dónde tropezarías.
- Todavía no hablabas y Él ya había enviado su palabra para purificar tu boca.
- Todavía no habías abierto los ojos por primera vez y Él ya había preparado su Espíritu para que fuera quien te consolara y secara cada lágrima que rodara por tus mejillas.
- Todavía no se habían formado tus oídos y Él ya te había escrito un poema.
- Todavía no conocías la obscuridad y Él ya había preparado La Luz del mundo para alumbrarte.

- No habías sentido nunca el frío y Él ya tenía listo para ti un lugar donde habitarías bajo Su abrigo.
- Todavía no andabas por ningún camino, y Tu Buen Pastor ya tenía su vara y su cayado para guiarte.
- Cuando todavía nadie conocía tu rostro, Él ya se deleitaba en tu hermosura.
- Todavía no conocías la tormenta y Él ya era tu refugio.
- Cuando no tenías ni un día de vida, Él ya había anotado en Su libro todos tus días.
- Tu cabeza no tenía cabellos todavía pero Él ya los tenía todos contados.
- Cuando nadie se había dado cuenta todavía de tu llegada a este mundo, Él ya te había jurado lealtad y te prometió ser el mismo contigo: Prometió cuidarte de la misma manera desde la cuna hasta la vejez cuando peines canas.
- Cuando nadie sabía que existirías ya Dios había destinado un propósito único para ti, pues Él sabía que el mundo sería mejor a causa de ti.
- No conocías la noche y Él ya tenía mil sueños pensados para ti.

## ❖ Cruz de Perdón

**Todos sabemos que no es fácil perdonar,** y menos a quien te ha lastimado mucho. A Jesús le costó un precio muy alto perdonar. Le costó sufrimientos, humillaciones, maldiciones, y un dolor tremendo.

**La cruz del perdón sí le costó** el sacrificio de negarse a sí mismo y vivir el horrendo sufrimiento de una masacre.

Pero la cruz de perdón cambió para siempre el destino de la humanidad.

Y de esta manera, nuestro maestro nos dice: Perdona. Te va a costar mucho, va a ser difícil, YO LO SÉ. Dice Jesús: **Para mí también fue difícil** y doloroso perdonar pero me negué a Mí mismo y tomé mi cruz de perdón.

**Hoy es tu turno**, si alguien quiere ser seguidor de Jesús, lo primero es tomar la cruz del perdón como Él lo hizo y entonces ya lo puedes seguir:

Entonces Jesús dijo a sus discípulos: *Si alguno quiere venir en pos de mí, niéguese a sí* mismo, tome su cruz y sígame. *Mateo 16:24 LBLA*

La falta de perdón es una carga que no te deja seguir a Jesús por lo que es necesario liberarte para poder caminar tras de Él.

## ❖ Gracias por haber leído este libro

Padre, yo bendigo la vida de la persona que lee estas palabras, y te pido que seas tú quien lo guíe a tu justicia, y a tener hambre y sed de ti.

Que esta persona sea poderosa en Cristo para tu gloria, honra y alabanza.

Por Cristo Jesús…. Amén, Amén.

Si quieres conocer más de la palabra, te invito a conocer un lugar hermoso para aprender palabra de Fe y Gracia:

*www.restaurandotuvida.org*

# SOBRE EL AUTORA

Paola es médico, esposa mama de dos niños, y tiene amor por conocer la palabra de Dios.

Paola está activa en el llamado que Dios le ha dado.

Ella participa en el ministerio de mujeres y niños en la iglesia donde se congrega (www.restaurandotuvida.org)

Printed in the United States
By Bookmasters